はじめに

　平成19年12月18日、政労使からなる「仕事と生活の調和推進官民トップ会議」は、「仕事と生活の調和（ワーク・ライフ・バランス）憲章」と「仕事と生活の調和推進のための行動指針」を策定しました。

　この「憲章」は、国民的な取組みの方向性として、仕事と生活の調和（以下「WLB」と略記）がなぜ必要かを、それが実現した社会の姿を、そのために関係者が果たすべき役割を、それぞれわかりやすく示すとともに、「行動指針」では、取組み目標として、年次有給休暇取得率や出産前後の女性の就業継続率など14の指標の5年後（2012年）、10年後（2017年）それぞれの数値目標を設定しました（なお、同会議作業部会は、世界同時不況の最中の21年4月、WLB関係省庁連携推進会議と合同で、WLBは国民運動として好不況にかかわらず着実に進めていくべき旨を緊急に提言しています）。

　憲章の策定当時、先進的な企業では、WLBの実現に向けての取組みが既に進められていましたが、「仕事と生活の調和」という呼称がやや抽象的であるためか国民の認知度も過半数に達していませんでした（約44%。20年8月内閣府調査*）。しかし、その後の世界同時不況の中にあっても前掲の緊急提言も踏まえて、企業におけるWLBに向けた取組は進められ、認知度は1年有余で過半数を超えるに至りました（約54%。21年12月内閣府調査*）―余談ながら、当連合会では、「仕事と生活の調和推進事業」（厚労省委託事業）の一環として、21年度には全国において参加者総数5万人を上回るセミナーを開催し、4,000以上の事業所にWLB度診断サービスを提供しましたが、これらの施策もこの認知度向上に大きく寄与したものと自負しています―。

　さて、WLBの本質は、働く人それぞれのライフステージでそれぞれの事情に合った働き方ができるようにするものであるとともに、重要な経営戦略と位置付けて、企業内の意識改革と業務の見直しに取組むことにより生産性を高め企業を活性化することにあると位置付けられています。

　しかし、このように認知度が改善される中にあって、中小企業では、専門性の高いスタッフの確保や進め方に関するノウハウの入手など推進体制を整えにくいことから、WLBに向けた取組み、すなわち企業の活性化への取組みの遅れが強く懸念されており、専門スタッフがいなくても進められる、見易く分かり易く解きほぐした手引き書が待ち望まれていました。

　そんな折、女性中小企業診断士の集団である「女性コンサルタントネットエルズ」を主宰される油井文江様―同氏は、当連合会の「仕事と生活調和推進専門家養成講座カリキュラム検討事業」（20年度厚労省委託事業）に委員として参画―から、社団法人中小企業診断協会の活動の一環として、エルズのメンバーが従来の知見にそれぞれの体験のほか種々の事例等を研究した内容を集積したアクションブックに収録する情

報を同協会のご了解の下、すべて提供していただけるとのお申し出をいただきました。

　これらの情報は、中小企業診断士としてWLBに関しコンサルタンティングする際のノウハウのほとんどを集積した貴重なものであり、当連合会は、これを基に、さらに見易く分かり易さの観点から監修して世に送り出すこととしました。

　ところで、昨年秋の事業仕分けでは、WLBは重要なテーマであると位置付けながらも、平成22年度における厚生労働省のWLB関係予算の計上が見送られることとなり、当連合会としては22年度1年間の停滞が我が国におけるWLBに3年以上の遅れをもたらすのではないかと強く懸念していたところですが、本書には、広く活用されることによってその懸念を払拭する代役を果たして欲しいと切に願うものです。

　末筆ながら、本書に収録した情報のすべてを、我が国中小企業におけるWLBの推進のためとして惜しげもなくご提供いただいたエルズ主宰者そして同メンバーのほか関係者の皆さんのご英断と、さらに社団法人中小企業診断協会のご理解に深甚の敬意を表するとともに、本書を手にされる皆さまの益々のご発展を祈念する次第です。

　平成22年2月吉日

　　　　　　　　　　　　　　　　　　　　社団法人全国労働基準関係団体連合会

*調査会社に登録されているモニター（20～60歳の中から地域別・性年代別に抽出した男女2,500人）へのインターネット調査結果。「WLBの中身も用語も知っている」＋「用語は知っている」の合計。

*第二刷に際し、助成金、支援制度の変更などをフォローアップするため内容の一部を更新しています。

アクションブック これで安心！
中小企業のための ワーク・ライフ・バランス

Contents

はじめに ● ワーク・ライフ・バランスは経営上の問題を解決する手段　　2

I ワーク・ライフ・バランスといわれるけれど ── 4
1　こんな悩み・疑問はありませんか？　　4

II 変わる「働き方・働かせ方」── 8
1　「ヒトが大事」の再浮上　　8
2　21世紀は創造性が勝負　　11
3　ワーク・ライフ・バランスを導入するメリット　　13

III 自社でワーク・ライフ・バランスを進めるには ── 15
1　経営戦略としてのワーク・ライフ・バランス　　15
2　一般事業主行動計画を策定する　　22
3　ワーク・ライフ・バランスを導入するステップ　　26
4　ワーク・ライフ・バランスを導入する具体的な手順　　27

IV 最大の課題は「長時間」の働き方を変える ── 37
1　残業削減は「意識改革」と「環境整備」から　　37
2　時間管理の考え方と具体的な手法　　47

V 業務の内容と処理方法を見直す ──業務改善── ── 50
1　すべての業務を見直す　　50
2　人事制度を見直す　　54
3　業務改善効果を評価する　　58
4　職場へフィードバックする　　61

VI アクションシートを使って進める ── 63

VII 取組み事例をみる ── 68

VIII ワーク・ライフ・バランスのための各種施策 ── 74
1　ワーク・ライフ・バランスの推進策　　74
2　活用できる施策　　76
3　ワーク・ライフ・バランスに関係する法律等の改正状況　　83

まとめ ● ワーク・ライフ・バランスが中小企業と日本を元気にする　　85

参考文献　　87
制作委員会・執筆協力・制作協力　　87
あとがき　　88

はじめに　ワーク・ライフ・バランスは経営上の問題を解決する手段

経営者は日々戦っています。今日そして明日の経営、雇用の維持と会社の成長。しかし、それは決してたやすいことではありません。環境変化が激しいなか、組織の能力も一瞬一瞬真価を問われます。そんな経営者や組織に価値ある方策があります。それは会社を成長させ、従業員が能力を発揮するための戦略としてのワークライフバランス（以下、本文中は「WLB」と略記）です。

WLBとは、企業にとっては「優れた人材を確保できる、生産性も高められる働き方」であり、従業員にとっては「仕事も私生活も大事にできる働き方・生き方」のことです。日本では少子化対策の一環として広まりました。しかし今では、企業経営上の問題を解決する手段＝経営戦略として導入が進んでいます。

> **ワーク・ライフ・バランスの定義**
>
> 老若男女誰もが、仕事、家庭生活、地域生活、個人の自己啓発など、様々な活動について、自ら希望するバランスで展開できる状態
>
> 内閣府　男女共同参画会議「仕事と生活の調和（WLB）に関する専門調査会」（2007年）
>
> 仕事と生活の調和が実現した社会とは、「国民1人ひとりがやりがいや充実感を感じながら働き、仕事上の責任を果たすとともに、家庭や地域生活などにおいても、子育て期、中高年期といった人生の各段階に応じて多様な生き方が選択・実現できる社会」である。
>
> 「仕事と生活の調和（WLB）憲章」（2007年）

■激論の末誕生した憲章と行動指針

2007年12月に発表された「仕事と生活の調和（WLB）憲章」（内閣府）では、企業にも働き手にも必要な方策としてWLBを据え、10年後の数値目標と行動指針を掲げました。企業にとっては厳しい内容であり、激論が交わされました。しかし、最終的に経営者側が合意した背景には、WLBを推進しない企業には明日がないとの危機感があったとされています。

それは、これまでのような働き方では生産性のさらなる向上につながらないこと、長時間労働が働き手の創造力や企業の競争力を削ぐこと、また、仕事や生活にまつわる様々な病理的現象が働き方に起因することなどによります。そしてこのような危機感は、経営者にとっても従業員にとっても「時間は有限な資源」であり、その資源を充実させる「働き方のイノベーション（改革）」なしに私たちの成長はあり得ないという、大事な認識をもたらしました。

■ワーク・ライフ・バランスは経営戦略

今、WLBは、企業の経営戦略テーマとして捉えられています。特に、人材難や競争力向上という課題を解決するには避けて通れないテーマになりました。そもそも働きやすい環境は働く人にとっての会社選びの重要な判断目安。就業した後も貢献意欲や成果へのこだわりを生む要素です。一方の企業側も、厳しい競争を経営の効率化と付加価値生産で乗り越えるためには、従来型の「働かせ方」では限界があると気づき始めました。そこで、「ヒト」資源を活用する新しい視点として、また、生産性を向上させ付加価値を創造するための重要な方策としてのWLBが浮上したのです。

そして、すでに多くの人が「仕事の充実」と「それ以外の生活の充実」は二者択一の対象ではなく、両方が叶えられる社会や働き方が欲しいと考えるようになっています。こうした社会全体の変化は、遠からず「WLBの推進が企業の常識になる」、そういっても過言ではない大きな変化です。

■次世代法改正～101人以上の中小企業も「行動計画づくり」が義務化される

改正次世代育成支援対策推進法（次世代法）が施行され、2011年から従業員101人以上の中小企業も子育て支援に関する行動計画をつくり、実施することが義務化されました。中小企業は、迅速な経営判断や機敏な施策実施により、柔軟な職場環境づくりに分があるとされています。実際に、制度化（規定化）はされていなくても、経営者の判断で従業員の事情に合わせた柔軟な働き方ができている事例が少なからず存在します。今後は、企業数の99％を占める中小企業が「働き方」を変える主力部分

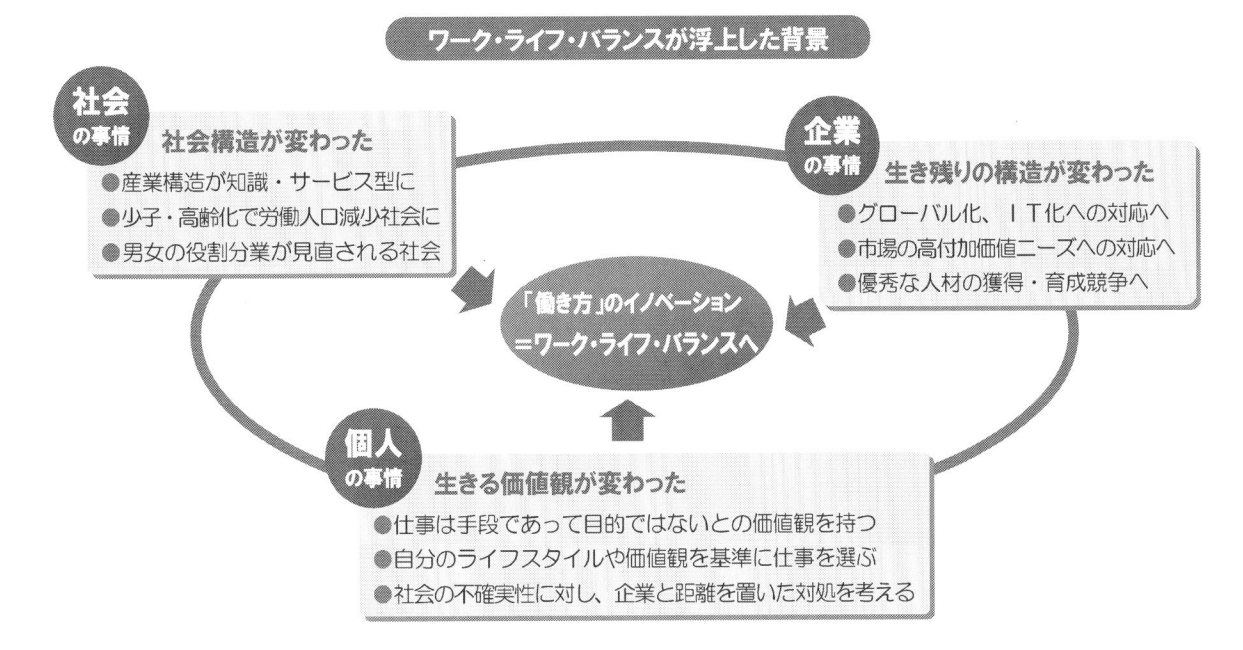

ワーク・ライフ・バランスが浮上した背景

社会の事情 社会構造が変わった
- 産業構造が知識・サービス型に
- 少子・高齢化で労働人口減少社会に
- 男女の役割分業が見直される社会

企業の事情 生き残りの構造が変わった
- グローバル化、IT化への対応へ
- 市場の高付加価値ニーズへの対応へ
- 優秀な人材の獲得・育成競争へ

→「働き方」のイノベーション＝ワーク・ライフ・バランスへ

個人の事情 生きる価値観が変わった
- 仕事は手段であって目的ではないとの価値観を持つ
- 自分のライフスタイルや価値観を基準に仕事を選ぶ
- 社会の不確実性に対し、企業と距離を置いた対処を考える

となっていきます。

■ **入口を間違えずに**

　WLBは、これまで少子化対策が先行したため、主に女性向けの福利厚生施策と捉えられがちでした。しかし、それらはWLBの一部にすぎません。労働力人口が大きく減少するなか、まずは女性が働きやすい制度づくりから始められましたが、女性が働きやすい職場は、女性を支援するだけで果たせるものではなく、職場風土の改革や男女の意識改革なしには進められません。実際に、両立支援・福利厚生的な理解での取り組みは、会社の長時間労働の風土のなかにあって、「それでも両立は難しい」「自分だけ休むことはできない」事態をもたらし、結果として両立支援も少子化の歯止め効果も上がりませんでした。この反省から2005年の次世代法施行後は、WLBが、男性や高齢者などあらゆる属性の働き方を変える「国民運動」として提唱されているのです。

■ **働き方のイノベーションへ**

　経営者や人事担当者には、福利厚生策という狭い入口ではなく経営戦略としての視点から取り組む力が求められています。例えば育児休業することは、当事者への個別プログラムで終わるならば福利厚生策ですが、全従業員の働き方の改革や事業の創造的な循環を生み出すプロセスならば、WLBの象徴的な策になるというように。

　実際の推進では、「制度や仕組みづくり」と「意識改革」が両輪となります。そして意識改革が重要要素であるだけに、導入・定着には時間を要することとなります。したがって、改正次世代法が施行された今、2011年に向けた早い着手が望まれます。まずは経営者自身が「これを機に、強く魅力ある会社に変わろう」と決意することからスタートしましょう。

　女性コンサルタントネットエルズでは、2009年3月に冊子「中小企業こそWLBを！」を作成しました。これは、中小企業経営者や従業員の皆様が「WLBって何だろう？」と思ったときに手引きとしていただけるガイドブックです。

　そして今回は、「WLBを実際に推進する」ためのアクションブックを作成することにしました。アクションブックが、従業員が生き生きと活躍できる職場をつくるために、企業が経営の効率化と競争力を高めるために、お役に立てば幸いです。

Ⅰ ワーク・ライフ・バランスといわれるけれど

1 こんな悩み・疑問はありませんか？

■ワーク・ライフ・バランスといわれるけれど、企業にとって何がプラス？
　ＷＬＢは、「働き方・働かせ方のイノベーション」と言い換えることができます。このイノベーションが企業にもたらすプラスは、大きくは①事業全体の生産性の向上、②優秀な人材の確保・育成・定着、③競争力を持つ生き生きとした企業風土づくり、の３つといえるでしょう。
　　　　　　　　　　▶詳しくは 2～3頁（経営の問題解決手段）　13～14頁（ＷＬＢ導入のメリット）

■うちの会社は仕事を一生懸命やっている従業員ばかり。ワーク・ライフ・バランスは必要ないのでは？
　「男性は仕事、女性は家庭」といった時代から、社会は大きく変化しています。労働力人口が減少するなか、女性や高齢者等の力を発揮できる環境整備が重要になってきました。また、育児に関わりたいなど、自分の時間を大切にしたいと思う男性も増えています。
　一時期、仕事に熱中する従業員もいますが、もしその人が「自分だけ（長時間）仕事ができればよい」という意識であれば、会社全体にとって「意図せざるマイナス」となる可能性があります。多様な働き方ができることで全体の力を高められるＷＬＢが、企業にとっても従業員にとっても必要ではないでしょうか。
　　　　　　　　　▶詳しくは 8～12頁（「ヒトが大事」の浮上、21世紀は創造性が勝負）　15～21頁（経営戦略としてのＷＬＢ）

■何をやることなのか分からない。何から手をつけたらいいのだろう？
　やるべきことは、①恒常的な長時間労働をなくす、②多様な働き方を提供する、③効率的な働き方ができる人材を育成する、の３つと考えることができます。まずは、「仕事だけ」から「仕事も私生活も」への意識改革が大事です。一般的には、まず自社の働き方の実態調査や従業員のニーズ把握から始めるとよいでしょう。
　　　　　　　　　▶具体的な進め方や手順は 22～25頁（一般事業主行動計画の策定）
　　　　　　　　　　　　　　　　　　　　　26～36頁（ＷＬＢの導入ステップ、具体的手順）
　　　　　　　　　　　　　　　　　　　　　37～49頁（最大の課題：「長時間」の働き方を変える）

■この不況下で、ワーク・ライフ・バランスどころではない…。
　「不況に無策」では沈むばかりではありませんか？　逆に「皆同じ不況時」にこそ打開策を持つことが、生き残り策となるでしょう。ＷＬＢには、資金や設備がなくてもできることがたくさんあります。また、中小企業だからこそ機敏に手を打ちやすい策も多いのです。今こそ明日の成長への準備の時。経済環境に左右されない強い人材づくりと企業づくりを実現しましょう。
　　　　　　　　　▶詳しくは 11～17頁（21世紀は創造性が勝負、ＷＬＢをめぐる誤解）　68～73頁（実施事例にみるポイント）

■休暇を増やし、労働時間を短縮したら仕事が回らなくなる。
　業務の効率化で、就業時間を短かくする一方で生産量を維持・拡大するのがＷＬＢです。休暇や労働時間の見直しと同時に、業務の見直しを進めましょう。従業員の①ベストコンディションでの仕事、②豊かな発想力による仕事、③コミットメント（やる気と責任）のある仕事こそが、仕事を効率的に回す要素です。
　　　　　　　　　▶詳しくは 37～49頁（最大の課題：「長時間」の働き方を変える）
　　　　　　　　　　　　　　50～54頁（すべての業務を見直す）

I　ワーク・ライフ・バランスといわれるけれど

■ワーク・ライフ・バランスなんて、余計なコストがかかって経営が苦しくなる。

　導入企業での実例や各種の試算では、育児や介護など「時間的な制約がある」という理由で退職者を出すよりも、就業を継続させた方がコスト面で有利とするデータが数多くあります。基本的に、設備などのハード面ではなく働き方を変えるソフト面での対策ですから、実際のコストはさほどかからないと考えてよいでしょう。

　実施にあたっては、①コストがかかったとしても業務の効率化で相殺する、②コストのかからない策から始める、③助成制度を利用するなど、コストを削減する工夫をしましょう。
　▶詳しくは 18～20頁（生産性向上）　　31～32頁（施策メニューの検討・確定）　　76～83頁（活用できる施策）

■ラクする従業員を増やすだけではないか？　また、「従業員の主張」がエスカレートしそうで心配。

　かつては会社が従業員の時間を自由に使う「働かせ方」が可能でした。しかし、終身雇用や高収益の配分が難しいこれからは、会社と従業員の関係も変わります。「黙って働く長時間労働」の一方で「高いモラル」は望めないのではないでしょうか。

　会社で従業員が最も力を発揮するのは、会社を信頼し、コミュニケーションがよく取れ、貢献意欲を持てる時です。従業員にも会社の課題を開示しましょう。会社も従業員の事情を深く理解しましょう。ＷＬＢは、会社・従業員の双方が助け合ってプラスを生み出す策です。
　▶詳しくは 11～12頁（21世紀は創造性が勝負）　　15～21頁（経営戦略としてのＷＬＢ）

■うちには若い女性従業員がいないから関係ないのでは？

　働き方に問題意識を持っているのは、若手や中堅男性従業員も同じです。仕事と育児の両立も大きな課題の１つです。夫婦の共働きも増え、この課題はすでに男性（父親）のテーマにもなっています。また、今後は男女年齢問わず、経営者も含めあらゆる従業員が介護と仕事の両立問題に直面する可能性があります。ＷＬＢは、女性だけが対象の労務管理プログラムではありません。全従業員に必要な考え方です。　▶詳しくは 2～3頁（経営の問題解決手段）
　8～12頁（変わる「働き方・働かせ方」）
　17頁（ＷＬＢをめぐる誤解）

■従業員10人の小規模企業には関係ないのでは？

　小規模企業ほど、「ヒト」が利益に直結します。従業員１人ひとりの働きやその貢献度、重要性は、人手のある大企業を超えています。だからこそ、必要とする人材の確保、維持、育成が大事なのです。実際に、制度（規定）として整っていなくても従業員の事情に配慮して対応することで、「ヒト」の苦労とは無縁の企業も少なくありません。会社の事情に合った「自社のＷＬＢ」が、企業と人材の成長につながります。　▶詳しくは 68～73頁（実施事例にみるポイント）

ある転職のケース

●ＳＥ職男性

　妻の出産と同時に退職、別のIT企業に転職した。現在独立ITコンサルタントを目指し、仕事も勉強も充実している。

退職の理由：前職では給与はかなり高かったが仕事量が膨大で、深夜残業、休日出勤、泊り込みが続き、共働きの妻との家庭生活の両立は不可能だった。報酬は下がったが、家事や自己啓発の時間を大事にできるので、満足している。

●金融機関総合職女性（27歳）

　入社５年目。スキルアップのために現在、ビジネススクールに通う。上司から「残業してくれ、勉強より目の前の仕事をしろ」と言われ、転職を内心決意。

転職を決めた理由：この職場で先輩たちのような長時間労働をずっと続けるのは無理と判断。個人の時間がないことが苦痛。この会社にいてはスキルアップも結婚、子育てもできない。

　この先は報酬は下がってもスキルを活かせて、かつ自分の時間も確保できる会社を選ぶ。

■**優秀な従業員にだけ適用したい。**

　一部の従業員への適用は、その他の多くの従業員のモラルを下げませんか？　実際にアメリカなどでは、業績を上げている従業員にしか制度の利用を認めていない企業があります。しかし、その結果は、従業員個々人が競争するギスギスした空気を生み、チームとしての力や会社へのロイヤルティに問題を起こすことが多いのです。

　WLBの基本理念は、仕事と生活の多様な事情を尊重することが1人ひとりの力を高め、その総和が会社と個人を高めるという好循環につながることです。休業者の業務をバックアップするのは周りの従業員ですね。単なる利益志向や「自分だけ成果を上げればよい」のではなく、全従業員が一体になって効率化と高収益化を目指すことが大事なのです。そのためにも、仕事と私生活は二者択一ではないという意識改革が必要になります。
　　　　　　　　　　　　　　　　　　　　　▶詳しくは15〜21頁（経営戦略としてのWLB）

■**若手の採用を強化したい。女性の定着率を高めたい。**

　WLBを実施するメリットとして、若手や女性の採用と定着が挙げられます。男性は働きすぎ、女性は働きたくても働き続けられない、若者は働き方にも働く将来にも悲観的になっている、といわれます。これまでの働き方にどっぷり浸かり、「長時間働く＝仕事熱心の証」と考える従業員よりは、むしろ若者や女性の方が、社内の働き方や意識改革をリードする存在になるかもしれませんね。
　　　　　　　　　　　　　　▶詳しくは 8〜12頁（「ヒトが大事」の浮上、21世紀は創造性が勝負）

■**みんな頑張っているけれど利益が上がらない。**

　仕事のやり方を改善する余地はありませんか？　無理な頑張り方をしていませんか？　日本は世界各国との比較では長い間、生産性が低いグループのままです。頑張る＝長時間労働であったり、問題解決＝根性主義であったりでは非効率となり、利益を生み出すことが難しい時代です。労働集約的ではない知識集約的体質を獲得できるように、「業務を見直す」や「ムダを省く」にゼロベースで取り組んでみましょう。
　　　　▶詳しくは 8〜12頁（「ヒトが大事」の浮上、21世紀は創造性が勝負）　50〜54頁（すべての業務を見直す）

■**時間外労働を削減したいが、従業員が「ムリだ」と反発している。**

　残業削減策に入る前に、残業の実態を把握していますか？　また、削減策の内容について十分に情報を共有していますか？　多くの企業は長時間労働を前提にした仕事体質にどっぷりつかっています。これを変えるのは大変なことです。しかし、従業員も経営者も目指すゴールは同じはずです。「残業しないで成果を出す」ことの価値を、従業員のメリットを明らかにした資料なども示しながら浸透させていきましょう。一方で業務を効率化するためのハードやソフトの整備も進めましょう。残業削減に役立つアイデアや提案を従業員から求めるのも効果的です。　▶詳しくは37〜49頁（最大の課題：「長時間」の働き方を変える）

■**社内の意識を変えることが難しい。どう進めたらよいのか？**

　社内の意識変革では、①トップの意識改革、②管理職の巻き込み、③制度を含む推進システムの整備、④全社向け研修の実施、⑤広報活動の展開、などがポイントとなります。トップや管理職には、外部専門家等との接点づくりや従業員との対話を。推進システムではIT化や補助機器などのハード、ソフト面でのサポートをできる限り準備しましょう。意識を変革するのを従業員の選抜チームに当たらせる仕組みも、従業員の共感を得やすく効果的です。
　　　　　　　　　　　　　　▶詳しくは37〜49頁（最大の課題は「長時間」の働き方を変える）

■制度があまり利用されない。

　制度があることとその内容は知られていますか？　利用手続きが煩雑で使い勝手の悪いものになっていませんか？　制度があっても使われないケースの大半は、この２つの理由によることが多いのです。

　日々の仕事に追われる従業員は、制度の存在そのものを知らないことも多いのです。機会あるごとに制度があることをアピールしましょう。制度利用者に自社製品をプレゼントするなどのインセンティブをつけて、大幅に利用者を増やした企業もあります。使い勝手の良し悪しは、ニーズに合っているかどうかという制度の内容の面からと、利用申請に時間がかかったり提出書面が煩雑だったりという手続きの面からチェックします。

　　　　　　　　　▶詳しくは 34〜36頁（本格的に導入）　74〜83頁（ＷＬＢの推進策、活用できる施策）

■人手に余裕がなく、休業中の代替要員が確保できない。

　代替要員の確保は、育児休業に限らず今後一層必要となる課題です。業務上の急な移動・配置転換はもちろんのこと、介護休業、本人の病気休業などもこれまで以上に発生すると予測されるからです。そこで、従業員からの休業の申請は、むしろ業務を見直す好機だと捉えましょう。

　休業者が復帰後に元の職場に戻るためには、①派遣・パートタイマー等により一時的に代替する、②多能工化や多職能化しておきローテーションで補充しておくなどがあります。そのためには、日頃から作業の平準化や効率化を進めておきます。そして他社の事例などを参考にして、自社の事情に合わせた代替要員の確保策を準備しておきましょう。

　　　　　　　　　▶詳しくは 21頁（休業者の代替要員を確保するには？）　26〜36頁（ＷＬＢの導入〜具体的手順）
　　　　　　　　　　　　　　　50〜54頁（すべての業務を見直す）

■育児休業復帰者や短時間勤務者の評価が難しい。

　制度を利用した場合の人事と評価については、制度を導入する時に明文化しておきたいものです。評価基準やその根拠があいまいなままでは、結果に対する不安から制度の利用にブレーキがかかったり、社内に不公平感を生んだりするため、働き方の改革を阻害することになります。休業したことや短時間勤務したこと自体を考課から外す、短時間勤務者は、成果目標を評価基準とするなど、企業によって様々な取り組み事例があります。自社に合った評価基準を作りましょう。制度利用者への３つのロス対策（所得ロス、キャリアロス、業務知識ロス）も忘れずに。　　▶詳しくは 54〜57頁（人事制度の見直し）

Column 「独立業務請負人」活用術

　「独立業務請負人（IC：Independent Contractor）」とは、「期限付きで専門性の高い仕事を請け負い、雇用契約ではなく業務単位の請負契約を複数の企業と結んで活動する独立・自立した個人」（インディペンデント・コントラクター協会による定義）のことを指します。

　ＩＴ分野や専門職分野で多く見られる「独立業務請負人」には、「専門領域での職人的スキルを磨いていきたい」、「主従関係のない自立的な働き方をしたい」と考える人が多いようです。一般的雇用契約による就業ではないため、ＷＬＢを自分で決定できるとして、男性ばかりでなく女性や高齢者の働き方としても年々注目されています。

　企業にとって「独立業務請負人」の活用は、限られた期間中は高い報酬が発生するものの、トータルで見ると、従業員を正規雇用するよりもコストが抑えられるメリットがあります。また、業務請負契約ですので、法律上の雇用責任は発生しません。

　「デザイン業務経験のあるＩＣを常勤専属で１年契約」、「新規事業プロジェクト発足に伴い業界経験者ＩＣを週１日で契約」「地方進出のため、セールス専門家を１年間契約」など、ＩＣを活用する機会はいろいろとありそうです。

Ⅱ 変わる「働き方・働かせ方」

1 「ヒトが大事」の再浮上

　人を大事にする経営が再び問われています。かつて日本企業の特徴であった終身雇用は、雇用を保障して「人」を大事にする慣行でした。日本企業の高い生産性を支えていたこの慣行は、バブル崩壊以降の20年間で壊れかけましたが、今、再び経営資源としての「ヒト」が注目されています。

　しかし、注目の視点はかつてとは異なっています。かつては労働集約型生産の担い手としての、やや「モノ」に近いヒト資源。今度は、モノやマネーよりも価値を創造する「ヒトの能力」への気づきです。現代のサービス・知識産業社会は、「ヒト」の「やる気」と創造性に競争力の源泉がある社会です。

　翻って、働くヒトの現状はどうなっているのでしょうか？　世界の指標から見ると、現在の日本はかなり特異な姿をしています。国として持つ経済パワーの割には、ヒトの暮らしや働き方に課題が多い。創造性よりは標準化された受動的な働き方が根強く、結果として新産業を生み出す活力に欠ける、ともいわれています。それだけではなく、「黙って長時間働く（日本の）企業システム」は、国際間の経済競争場面で「アンフェア」だと攻撃される材料になり得ます。ここで、働くヒトの現状を具体的に見てみましょう。

1 長時間労働の国

　我が国が「新産業を生み出す活力に欠ける」最大の原因が長時間労働です。働く人の7割が身体的疲労やストレスを感じており、前向きの意欲を削がれています（労働政策研究・研修機構 「日本人の働き方総合調査」、2006年）。

　現在、年間総実労働時間は、統計上は、政府目標であった1,800時間前後となっています。しかしこの時間はパートタイマーなどの労働時間と合算した平均値であるため、実際の正社員の総実労働時間は2,000時間台。多いとされるサービス残業を含むと、実態はさらに長くなります。

　『エンドレス・ワーカーズ』（日本経済新聞出版社刊、2007年）の著者小倉一哉氏によると、25歳から49歳の働き盛りの男性正社員の約2割は、週に60時間以上働いている。つまり、入社3年未満の若手と、50歳以上の中高年者を除く従業員の2割は、毎日朝9時から夜10時以降まで働いていることになります（休日出勤しないで週5日出勤する場合）。加えて、前述の「日本人の働き方総合調査」によると、3人に1人は持ち帰り残業をし、そのほとんどはいわゆる「サービス残業」になっています。そもそもサービス残業は、労働基準法上あってはならないことですし、ずっと続けられる働き方でもありません。

2 生産性は主要先進国の中では最下位

1）「労働時間で稼ぐ」構造

　一方、日本の労働生産性の低さは、世界的に知られるところです。日本生産性本部の調査では、2008年の日本の労働生産性（従業員1人当たりの付加価値創出額）は、経済協力開発機構（OECD）加盟30カ国中20番目。主要先進7カ国中では14年連続して最下位です。比較的生産性が高いといわれてきた製造業部門だけでみても、OECD26カ国中12位。

　こうした産業別の生産性の数値から、特に第3次産業の生産性の低さがうかがえます。現在日本の第2次産業の就業者は全従業者の27％（統計局、2008年度）ですが、生産現業の従事者だけでみると2割以下といわれます。したがって就業者の8割以上は、「生産性で稼ぐ」のではなく「労働時間で稼ぐ」構造となっている、このことが生産性を一層引き下げているといえるでしょう。

Ⅱ 変わる「働き方・働かせ方」

2) 長時間労働が生産性を低下させている

ＯＥＣＤの国際比較では、労働生産性が高いほど、総労働時間が短いとのデータがあります。「もし日本人が米国人なみの生産性で働いた場合、日本のＧＤＰは現状の約4割高くてもおかしくない」（米テキサスＡ＆Ｍ大学助教授小野浩『エコノミスト』2007年9月18日号）との指摘があります。

また、作業効率が最高となる月間労働時間は約161時間との推計（小倉一哉、坂口尚文「日本の長時間労働・不払い労働時間に関する考察」2004年）があり、「日本の正社員の労働時間は、生産性を最大とする労働時間の1～2割程度長い」（労働政策研究・研修機構ディスカッション・ペーパー7「長時間労働とワークスタイル」小倉一哉、藤本隆史 2007年）ことになります。長時間労働で売上を確保している企業は、低生産性によるロスを抱え込んだままということができるでしょう。

図表1　労働生産性水準の国際比較（2007年／30カ国比較）

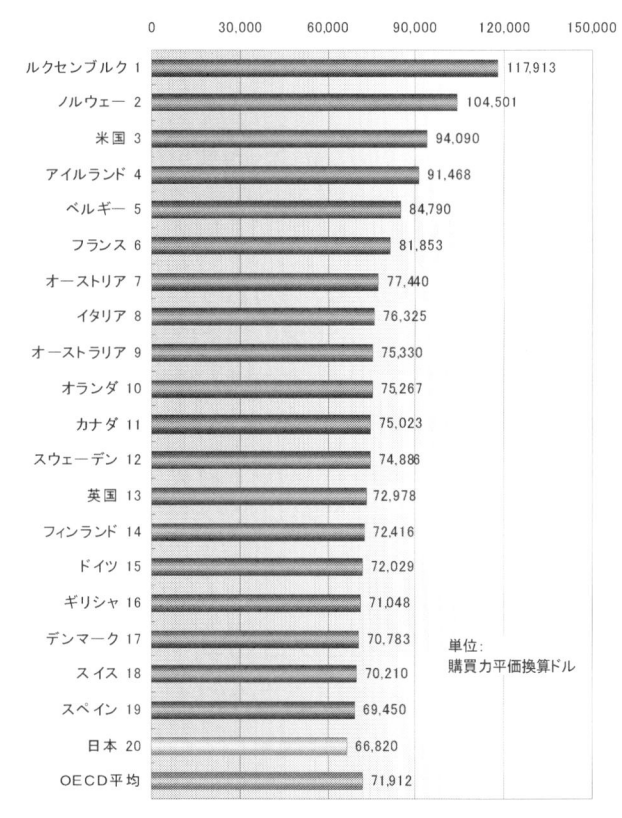

順位	国	値
1	ルクセンブルク	117,913
2	ノルウェー	104,501
3	米国	94,090
4	アイルランド	91,468
5	ベルギー	84,790
6	フランス	81,853
7	オーストリア	77,440
8	イタリア	76,325
9	オーストラリア	75,330
10	オランダ	75,267
11	カナダ	75,023
12	スウェーデン	74,886
13	英国	72,978
14	フィンランド	72,416
15	ドイツ	72,029
16	ギリシャ	71,048
17	デンマーク	70,783
18	スイス	70,210
19	スペイン	69,450
20	日本	66,820
	OECD平均	71,912

単位：購買力平価換算ドル

資料出所：日本生産性本部「OECD加盟諸国の労働生産性」（2008年）

3 不活性な女性や若者

1) 仕事を辞めてしまう理由

日本では、7割もの女性が出産を契機に退職しています。「M字型」就業曲線といわれ、欧米にはない型です。辞める理由は、「仕事を続けたかったが、両立の難しさでやめた」が多く、両立が難しい理由は、「体力がもたない」、「育児休業できない」、「保育所の開所時間と勤務時間が合わない」などです（日本労働研究機構（現：労働政策研究・研修機構）「育児や介護と仕事の両立に関する調査」2003年）。

図表2　女性の年齢階級別労働力率（国際比較）

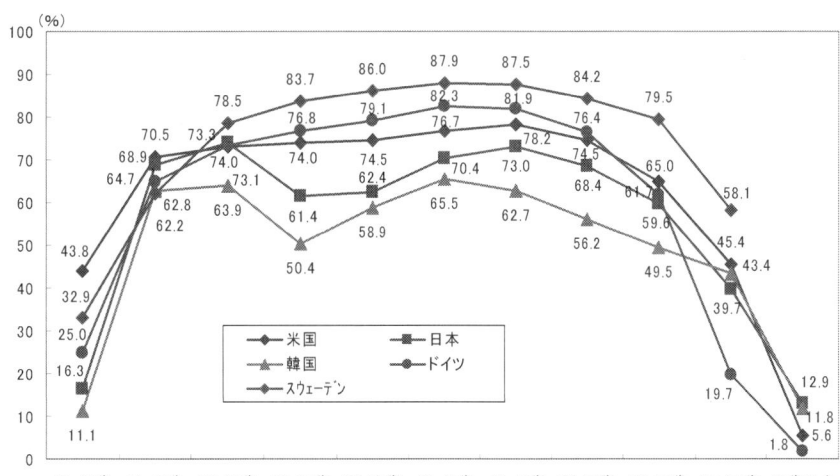

（備考）
1. 「Year Book of Labour Statistics 2005（ILO）」より作成。
2. 米国、スウェーデンの「15-19歳」は16-19歳。
3. 日本、米国、韓国の65歳以上は65-69,70-74,75+から算出。
4. スウェーデンは65歳以上の数値はない。
5. 経済活動人口（15歳以上で、就業または失業していた人の総数）ベース。

資料出所：内閣府男女共同参画局ホームページ「主要データ集」（http://www.gender.go.jp/data/）

2) 低い女性の地位

「世界経済フォーラム」が発表したジェンダー・ギャップ指数（ＧＧＩ：Gender Gap Index）[注1]によると、日本では女性の能力開発の遅れや性差による格差が大変大きいことが分かります。男女間の格差を数値化するＧＧＩで、日本の総合順位は下がり続け、2008年は世界130カ国中98位。中国やイ

スラム諸国の一部にも抜かれ、日本は下から数えて33番目。長時間労働大国日本では、女性が働きにくい→能力開発が進まない→社会進出が遅れる、といった悪循環が女性の地位を低くしています。

3) 元気がない若者

大学新卒で入社した場合、入社1年以内に15%が、3年では36%が退職し、高卒者は同じく48%、中卒者は68%が退職するという、「7・5・3」ショック[注2]。この「3年で3割退職」が企業にどの程度の損失を与えているかをある企業が計算したところ、本人の年間給与＋育成人件費＋管理費＋研修費等を合わせて1億2,000万円でした（大沢真知子著「ワークライフシナジー」岩波書店刊 2008年）。

こうした7・5・3退職の背景には、会社で仕事のやりがいが感じられない現状や、私生活を大事にしたいができないという、ＷＬＢへのニーズとのギャップがあるといわれています。また、目先の成果を競うため、「個人で仕事をする機会が増えた」67％、「職場でのコミュニケーションの機会が減った」60.1％、「職場での助け合いがなくなった」約半数（社会経済生産性本部（現：日本生産性本部）「メンタルヘルスに関する取り組み」についてのアンケート 2006年）などの、潤いのない職場環境も、若者から働く喜びや創造性を奪っています。

4 働く意欲の低さが目立つ

日本人の働く意欲に関する調査では、働く意欲が「低い」と答えた人が全体の41％。これは、調査対象16カ国の中ではインドに次いで2番目に高い値です（人事コンサルティング会社、米タワーズペリン調査 2005年）。

前述の小倉氏の調査では、超過労働時間が月50時間以上の人になるとそのほとんどが、「1日の仕事でぐったりと疲れて、退社後は何もする気になれない」状態。連合の調査によると、仕事や職場のストレスが増えた人の割合は、平均で48％超。「労働時間が週50時間以上」の人で、ストレスが増えた人は6割超（連合総合生活開発研究所「第14回勤労者の仕事と暮らしについてのアンケート」調査 2007年）。こうしたデータからは、働きすぎで疲れてしまい、仕事にも私生活にも元気を失っている日本人の姿がうかがえます。

関西生産性本部が労働意欲の向上について調べたところ、企業は仕事の「やりがい」と「収入」が大事だと考え、従業員は「仕事も生活も充実」することをその要因として挙げていました。企業と従業員の間に認識ギャップのあることが示されています。

図表3　労働意欲を向上させる要因

従業員調査		企業調査	
仕事も生活も充実	76%	やりがいのある仕事	94%
やりがいのある仕事	71%	収入が上がること	63%
収入が上がること	65%	仕事も生活も充実	56%
雇用の安定	38%	雇用の安定	53%

資料出所：関西生産性本部「仕事と生活のバランスに関する従業員・組合員への意識実態調査報告書」2005年、「ＷＬＢへの取り組み実態調査報告書」2004年の両調査より、西村智関西学院大学経済学部准教授が作成

[注1] ジェンダー・ギャップ指数（ＧＧＩ：Gender Gap Index）
「世界経済フォーラム」が各国内の男女間の格差を数値化しランク付けしたもの。経済、教育、健康、政治の各分野のデータから算出される。性別による格差を明らかにできる。

[注2] 「7・5・3」ショック
新規学卒就職者が入社から3年以内に離職する割合は、中学卒で66.7％（約7割）、高校卒で47.9％（約5割）、大学卒で35.9％（約3割）（2005年　厚生労働省）。この数字から「7・5・3」（割）と称したもの。

> ◆ワーク・ライフ・バランスをめぐる誤解◆ ──余裕のある企業しかできない？
>
> 　経営者に経営をじっくり考える余裕がないと、ＷＬＢは推進できないとはいえます。しかし、「規模が小さいからできない」「うちの職種や業界は特別なのでできない」というのは、必ずしも当てはまりません。
> 　余裕がないからといって、従業員に滅私奉公を強要しますか？　それができない従業員は切り捨てますか？　余裕がないからこそ、優秀な人材の確保や、生産性の向上、さらには従業員の働きやすさを考えていく必要があるのです。つまりＷＬＢは、余裕を創り出す、業績を回復し伸ばしていくための施策なのです。ＷＬＢを推進する過程で取り組まれる「業務の見直し」は、業績向上にきっと役立ちます。

2　21世紀は創造性が勝負

「機械を動かす時間が増える」＝「生産量が増える」という時代は日本では終わりました。知的労働の比重が高まり、「長く働けばその分だけ生産が増える」とはいえない、サービス経済社会になっています。

サービス経済社会における利益の源泉は、機械等ハード装置と標準化された働き方ではなく、情報生産性にあります。そして情報生産性は、時間単位、個数単位ではなく、付加価値で測られます。その生産源は、広い視野で感得する情報、ひらめきや豊かな感受性。その源は、会社の時間よりはむしろ、会社以外の世界と接する時間、個人に深く戻る時間、多様な活動をする時間などにあるといわれます。

1　ヒト力＝競争力

企業が競争に勝つ武器は、大きく分けて①従業員の力、②カネの力、③戦略の力の３つです。好況期には市場全体が拡がるため、戦略の力が多少弱くても長時間働けば売上額は上がります。しかし市場の成熟期や経済の低成長期には、長時間働いているだけでは売上も利益も下がります。そこで①の従業員の力と③の戦略の力が大事になるのです。

この戦略の成立や成否のカギをにぎるのはやはり従業員の力。戦略を創造する力、新たな挑戦をする力、すなわち競争力の源泉はカネではなくヒトなのです。目指すべきは縮む市場を取り合う高コスト経営ではなく、市場を生み出して実現する高収益経営。そこでも、量産志向の機械・設備に代わって、質志向のヒト資源が大事になります。ＷＬＢは、このヒト力と戦略力を高める新しい考え方です。

1)　多様な働き方が望まれ始めた

これからの企業には、様々な働き方を希望する従業員が増えていきます。キャリアを積んでから育児休業に入る女性、中堅世代で介護休業する男性従業員、専門性を高めるため学び直し始める従業員、また、ボランティア活動と両立させようとする若手従業員などです。往々にして創造性に富んだ逸材はこうした従業員のうちにいるものです。

例えば、アメリカでのＷＬＢは、ＩＴと金融分野の有能な人材の引き留め策として考えられたものでした。企業では、１人ひとりのニーズに対応したバラエティに富む働き方を懸命に考案しました。こうした多様なニーズを持つ人材に対しては、長時間勤務型従業員が基準の日本の就業環境は、人材を「放出する」要素になりかねません。

2) 多様性が創造力を生む

　日本では、ＷＬＢというと、「育児休業」や「短時間勤務」といった女性への福利厚生策としてイメージされる傾向があります。しかし、女性が働きやすい会社は、男性や高齢者など多様な従業員と個性が働きやすい会社でもあります。多様なシチュエーションを生きる人材こそが、会社や業務を活性化させ、知識産業経済の競争力になる。こうした認識が、欧米企業がＷＬＢを重視する背景にはあるのです。

2 人事管理に「逆転の発想」が必要

　これからの時代、競争力を持つ人材は、「会社外でも充実している」「自分の判断力で動ける」従業員だといわれます。しかし、こうした人材づくりでは、日本は世界のなかでかなり遅れています。残念ながら、「いつでも会社にいる」「何でも指示どおりに動ける」従業員に、創造力や主体性を期待するのは酷でしょう。彼ら彼女らは目先の業務だけでほとんどのエネルギーを使い果たしているからです。したがって、今後一層進む経済のグローバル化に対して、経営者や人事担当者には、これまでの人事管理とは「逆転」に等しい取り組みが求められています。

3 変化を先取りする経営を

　この15年間、「個への分断」、「自己責任」と「競争」でやってきた日本社会にとって、働くことの様々な問題が表面化しています。「7・5・3」ショックや、女性のＭ字型就業曲線、少子化・労働力不足など。中でも企業にとっては、生産性の低下と人材確保難が最たるものといえるでしょう。

　「長時間働く正社員」が「雇用保障」の条件であるような日本の働き方は、社会的にも経済的にも限界にきています。ＷＬＢは、１人ひとりの豊かな働き方と生き方にこそ、これからの経済・経営力の向上があるという新たな戦略です。企業も働き手も、上手に働くことと生きること、そして豊かさとは何かを仕事に落とし込むこと、すなわち真のＷＬＢの実現が迫られています。

◆ワーク・ライフ・バランスをめぐる誤解◆ ──お金がかかる？

　ＷＬＢを「従業員のための福利厚生」と捉えるとコストになります。しかし、「明日への投資」あるいは「危機管理」として捉えたら、違った見方ができます。ここでは、ＷＬＢが保てないことによってかかるコストを考えてみましょう。

これだけのコストがかかっています

■時間外労働による人件費・光熱費
　従業員50人規模の企業で、残業時間が従業員1人当たり1日30分短くなると、1年間に1,180万円が節約できます。

■病気休職者1人当たりにかかるコスト
　従業員100～999人規模の企業で、従業員1人（30代後半、男性）がメンタル面等の理由で6か月休職した後、復職した場合、422万円のコストがかかります。

■採用・教育コスト
　従業員50～999人規模の企業で、女性従業員（大卒）が出産時（29歳）に退職して、3か月後に中途採用者を補充する場合、88万円のコストがかかります。

資料出所：「企業が仕事と生活の調和に取組むメリット」男女共同参画会議　仕事と生活の調和「企業が仕事と生活の調和に取組むメリット」男女共同参画会議　仕事と生活の調和

3 ワーク・ライフ・バランスを導入するメリット

1 これだけのメリットがある

■生産性の向上

　経済のサービス化、ソフト化の進む現在、仕事の成果は時間数に比例するとは限りません。ＷＬＢによって、短時間で効率的に仕事を行うことが期待できます。

■優秀な人材の確保

　ＷＬＢの導入により、優秀な人材を、他社に先駆けて獲得することができます。併せて、優秀な人材の定着も期待できます。特に少子高齢化による労働力不足が懸念される今だからこそ、取り組みたいところです。

■多様性に富む従業員の確保

　多様な人材が集うことによって新しいアイデアが生まれたり、創造的な仕事が可能になったりします。

■従業員のモチベーションアップ

　誰もがＷＬＢを実現できる仕組みをつくることで、従業員の中の不平等感が消え、協力的な社内風土が醸成されます。それが従業員満足や仕事へのモチベーションを高める好循環につながります。

■企業イメージの向上

　ＷＬＢの導入は対外イメージの向上につながり、計り知れない経済効果をもたらします。

2 中小企業こそワーク・ライフ・バランスを

■組織が小さいゆえ、受けるメリットも大きい

　ＷＬＢというと、何か特別なことをしなければならないと思われがちですが、そんなことはありません。ＷＬＢは「いかに働き方を変えていくか」の問題です。

　大企業では労務管理を効率的に進めるために、各種の制度の導入などが検討されます。しかし、中小企業は経営者と従業員の距離が近いことから、制度がなくても柔軟な対応が可能です。まずは、労働基準法に定められる最低限の労働条件を確認しましょう。そのうえで、可能な限り制度を整え、従業員がその権利を行使できるように配慮しましょう。経営者が、「従業員１人ひとりがどのような能力を持っているか、どんな希望を持って働いているか」を把握した上で、「どうしたらその従業員の能力が最大限に発揮できるか」という視点で、人材配置や労働条件さらに職場特性などを考えて柔軟に対応することが重要です。

　少数精鋭の中小企業では、優秀な人材の採用・定着に成功した場合のプラスも、それに失敗した場合のマイナスも、大企業に比べて大きいといえます。それゆえ、中小企業ではＷＬＢへの配慮がうまくいったときのメリットを強く感じることができるのです。

■中小企業は従来から、多様な人材を生かしてきた
　中小企業は、大企業中心に見られた「日本的雇用慣行」の枠外の人を、従来から、積極的に採用してきました。例えば、「以前はフリーターであったが現在は正社員である者は、中小企業で就業している割合が高い」「フリーターを経て正社員になった者の勤務先規模は、29人以下のものが44.2％と最も多い」というデータがあります（「2005年版 中小企業白書」）。
　また、主婦も、子育てが一段落してからの再就職先は、近所の中小企業のパートタイマーであることが多いようです。高齢者も、「中小企業」「パートタイマー・アルバイト」が60代の雇用の受け皿になっています（「平成18年版 国民生活白書」）。非正規雇用を活用してきたという歴史がある中小企業ですから、働く時間を個人の生活に合うように調整するノウハウも、すでに蓄積されているといえるでしょう。

■経営者の意識次第で推進できる
　中小企業のＷＬＢは、経営者がリーダーシップを発揮し、働き方の改革を目指すことで推進可能です。自信を持って、その思いを従業員に伝えましょう。また、従業員どうしが互いにカバーし合えるような「お互い様」の意識づけ、仕組みづくりを進めましょう。何も難しいことではありません。

Column　ワーク・ライフ・バランスは社会全体にとっておトク？

　これまで、ＷＬＢの実践は企業と個人に大きなメリットをもたらすことを述べてきました。一方、社会全体にとっても好影響があるとされています。世間で最も注目されているのは「少子化解消」ですが、他にもいくつか挙げられます。
　まず、皆が時間に追われない社会になれば、それぞれがゆとりをもって過ごすことができます。結果として、活力ある社会が実現しそうです。
　家庭で過ごす時間が増えれば、家族のコミュニケーションの時間が増えます。未成年者の凶悪事件は減るでしょう。自宅で子供のしつけや学習をみる時間が増え、学校外学習にそれほどお金をかけずに済むでしょうし、学校の教師の負担も軽減されるでしょう。次代を担う子供たちの健全な成長が期待できます。
　また、働く人にとっても、自宅で身体を休める時間が増えれば、生活習慣病の心配も減ります。ゆくゆくの医療費も削減できるでしょう。
　皆で仕事を分け合う「全員参加型社会」が実現できれば、国の制度も最低限のセーフティネットだけで済むことになり、税金も減るかも知れません。
　このように、ＷＬＢの実践は、実はとても「おトク」なことなのです。

Column　非正規雇用とワーク・ライフ・バランス

　日本の雇用人口の3分の1を占めるまでになった非正規従業員。一方、ＷＬＢは恵まれた正規従業員だけの特権、という批判もあります。実際、正規従業員のＷＬＢを実現するために、しわ寄せを非正規従業員に押しつけるようなケースも見られます。
　非正規雇用のＷＬＢを考える上では、今後、制度面での抜本的な見直しが求められるでしょう。例えば、オランダでは「同一労働同一賃金」が徹底されていますが、日本でも「格差」是正のために、そのような議論が今後進むと思われます。パートタイム労働法の改正による均衡待遇の義務づけや、短時間正社員制度の導入推進などはまさにその代表的なものでしょう。
　将来的には、両者の垣根は低くなっていくと予想されます。より多様な働き方の提供と、仕事の成果に見合った処遇により、「全員参加型社会」を目指したいものです。

III 自社でワーク・ライフ・バランスを進めるには

1 経営戦略としてのワーク・ライフ・バランス

WLBは、競争力を高め、高利益を出す体質へと企業を導く方策です。特に中小企業では、大企業に比べて導入も成果もより早く実現することができます。WLBを経営戦略とすることで、あなたの会社を「強く魅力ある企業」に育てていきましょう。

1 中小企業の人材活用戦略

WLBを導入し、無駄な作業を省き業務フローを改善することによって労働時間を短縮することで、①優秀な人材を確保する、②自律的で高い付加価値を生む人材を育成する、③高いモラールを実現する、ことができます。

図表4 ワーク・ライフ・バランスによる人材活用戦略

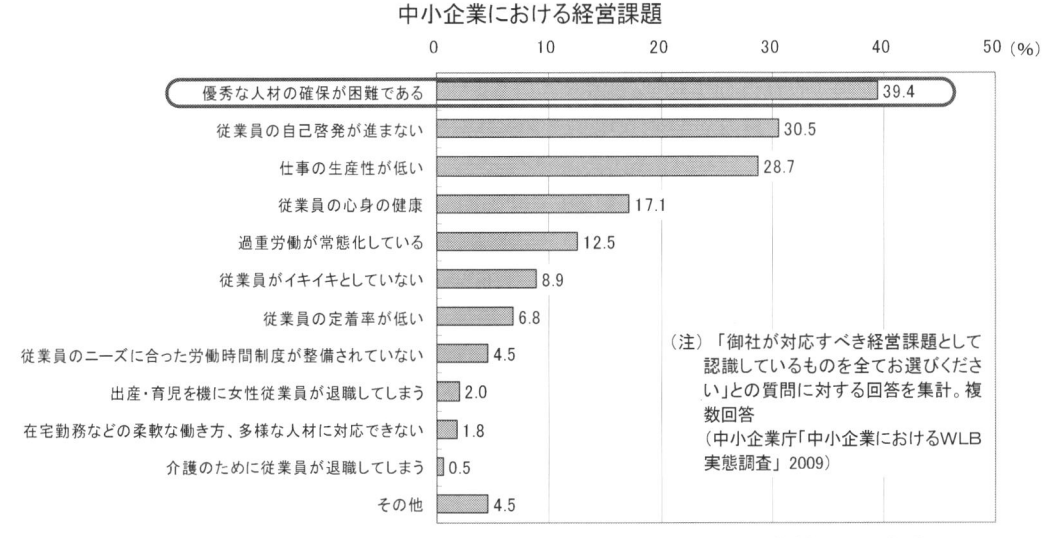

1) 優秀な人材を確保する

優秀な人材を確保し定着させるためには、多様な労働者が働きやすい職場づくりが重要です。特に、これまで働きたくても働けなかった女性や定年後も働きたいと考える高齢者を、重要な働き手として評価し、活用していきましょう。

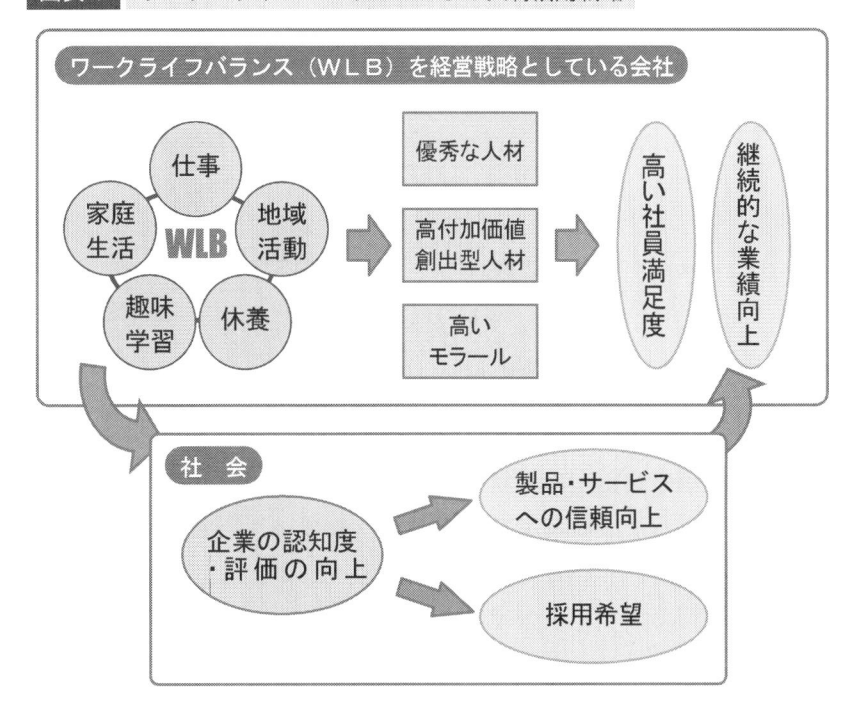

図表5 中小企業の重要な経営課題は「優秀な人材確保が困難なこと」

中小企業における経営課題

項目	%
優秀な人材の確保が困難である	39.4
従業員の自己啓発が進まない	30.5
仕事の生産性が低い	28.7
従業員の心身の健康	17.1
過重労働が常態化している	12.5
従業員がイキイキとしていない	8.9
従業員の定着率が低い	6.8
従業員のニーズに合った労働時間制度が整備されていない	4.5
出産・育児を機に女性従業員が退職してしまう	2.0
在宅勤務などの柔軟な働き方、多様な人材に対応できない	1.8
介護のために従業員が退職してしまう	0.5
その他	4.5

（注）「御社が対応すべき経営課題として認識しているものを全てお選びください」との質問に対する回答を集計。複数回答
（中小企業庁「中小企業におけるWLB実態調査」2009）

資料出所：中小企業庁「WLB対応経営マニュアル」

図表6 人材を確保・育成・定着させるための課題

項　目	具 体 的 内 容	確認チェック
人事制度を再設計する	多様な働き方の従業員が公平感を持って働ける賃金体系、処遇制度を構築する	
	生涯を通じた従業員の処遇・育成制度を構築する	
	女性を差別しない処遇制度（管理職への登用等）を構築する	
	介護、育児等の家庭と仕事の両立や休業者の職場復帰支援などの制度を構築する（具体例）育児、社会貢献など様々な休業・休暇制度の導入、出産退職者の復職、残業・休日出勤の減免等	
仕事管理・時間管理を徹底する	残業させない、また、年次有給休暇を取りやすい環境を整備する	
	無駄な作業を排除する。業務フローを見直す	
	フレックスタイム制等柔軟な労働時間制を活用する	
	在宅勤務・サテライトオフィスなど就業できる場所を拡大する	
	グループや各担当者の仕事量・配置・分担等を見直す	
	休業者や短時間労働者がいる職場への業務負荷を軽減する	
従業員の意識づくり	高齢者、女性、他国籍者や、その働く時間や場所の違う従業員など、多様な人材がコミュニケーションをし、業務をシェアできる、助け合う風土をつくる	
	多様な人材のノウハウを共有する仕組みをつくる	
	自己啓発（社内外教育、資格取得、留学、社外活動等）・社会貢献を支援するとともに、会社自体が社会貢献などに取り組む	
	健康管理（心身の健康保持など）を支援する	

2）付加価値創出型の人材育成

日本のような成熟市場では、顧客ニーズにきめ細かく対応する需要創造型のサービスが求められています。企業においても、個々の顧客ニーズに対応でき、情報やノウハウを活かせる人材を獲得することが重要です。中小企業は人事面において小回りが利く強みを生かし、人材を確保し、育成・定着させることに役立つ環境整備をいち早く進めましょう。

図表7 高付加価値を生む人材確保・定着のための課題

項　目	具 体 的 内 容	確認チェック
高付加価値を生む多様な人材を確保・育成する	多様な労働時間や労働場所を提供するなど自由な働き方を支援する（自由な働き方を望む）優秀な技術者の確保に資する、（結婚、出産、退職後の）女性の就業継続・復帰を支援する、介護や自らの傷病を治療しながら働き続けられるように支援するなど	
	地域活動などにより、社会の視点から会社の業務を見ることができる人材・外部とのネットワークを持った人材を育成する	
	社会活動で得たノウハウを業務に活用できる人材を育成する	
	積極的に自己啓発を行う、幅広いノウハウを持つ人材を育成する	
	様々なノウハウを持ち、一芸に秀でた、やる気のある高齢者に、働きがいを持つことができる場を提供する	
人材の多様性が生む力を活かす	多様な人材が様々な働き方をすることで生じる摩擦や問題を解消する	
	多様な人材による創意・工夫や、チーム活動力、コミュニケーション力、創造力、問題解決力を育成する	
	多様な人材が互いに刺激し合い、能力を高め合う組織風土をつくる	
	仕事の分担や進め方を見直すなかで多能工化・多職能化を進める	
	ＩＴスキルの高い人材を育成する	

Ⅲ 自社で導入するには

図表8 イノベーション人材がいると利益率が高い

※イノベーション人材…革新的な発想に基づき、新たな価値を創造できる人材

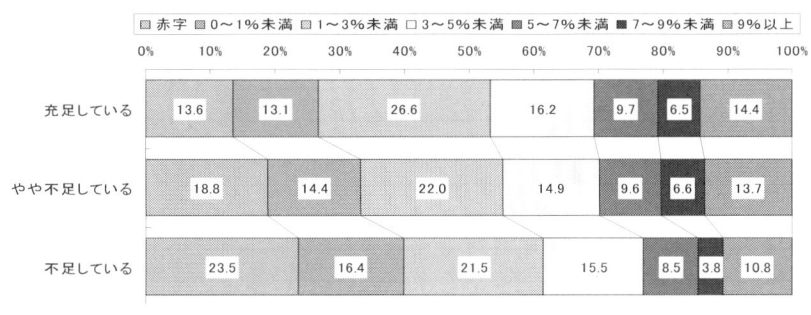

凡例: 赤字 / 0〜1%未満 / 1〜3%未満 / 3〜5%未満 / 5〜7%未満 / 7〜9%未満 / 9%以上

	赤字	0〜1%未満	1〜3%未満	3〜5%未満	5〜7%未満	7〜9%未満	9%以上
充足している	13.6	13.1	26.6	16.2	9.7	6.5	14.4
やや不足している	18.8	14.4	22.0	14.9	9.6	6.6	13.7
不足している	23.5	16.4	21.5	15.5	8.5	3.8	10.8

(注) 過去5年において、「基礎研究開発、基盤技術の先行研究開発」、「製品開発・技術開発」、「既存製品の改良・改善」、「品質・生産管理方法の改善」、「生産ライン、製造方法の改善」が行われた中小企業のみ集計した。

資料出所:三菱UFJリサーチ&コンサルティング(株)「技術・技能承継と技術革新を生み出す人材に関するアンケート調査」(2008年11月)

3) モラールの高い職場づくり

ＷＬＢが向上し、働きやすい環境への整備が進むと、従業員の仕事への満足度が高まり、モラールの高い職場づくりが進みます。

図表9 ワーク・ライフ・バランス(ＷＬＢ)の満足度が高い人ほど会社のために努力をいとわない

※「この会社の発展のためなら人並み以上の努力をいとわないか」への回答

凡例: あてはまる / どちらかというとあてはまる / どちらかというとあてはまらない / あてはまらない

〈WLBへの満足度〉

	あてはまる	どちらかというとあてはまる	どちらかというとあてはまらない	あてはまらない
非常に満足している	21.1	34.7	31.6	12.6
やや満足している	6.1	43.0	37.2	13.7
あまり満足していない	2.4	24.5	48.7	24.5
まったく満足していない	2.4 / 14.3	24.7	58.6	

資料出所:東京大学社会科学研究所 WLB推進研究プロジェクト「働き方とWLBに関する意識調査」2008年12月
分析:法政大学 武石恵美子教授

図表10 ワーク・ライフ・バランス(ＷＬＢ)による従業員の満足度向上の循環

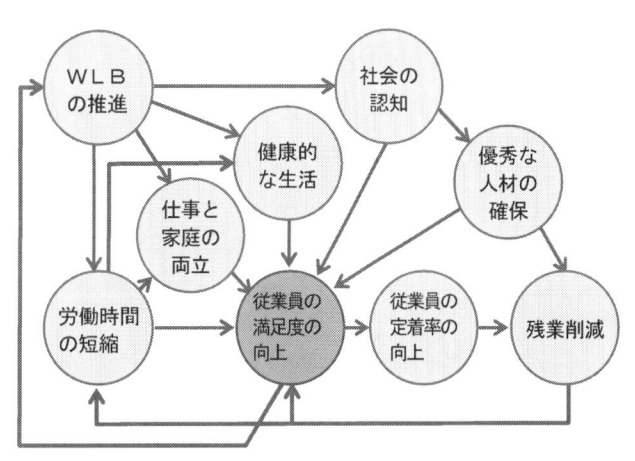

WLBの推進 → 健康的な生活 / 仕事と家庭の両立 / 労働時間の短縮 → 従業員の満足度の向上 → 従業員の定着率の向上 → 残業削減 → 社会の認知 → 優秀な人材の確保

◆ワーク・ライフ・バランスをめぐる誤解◆ ── 一部の人たちだけのもの？

ＷＬＢはこれまで、主に子育て中の女性の両立支援として捉えられてきました。しかし、以下のような理由で、自分のＷＬＢと真剣に向き合っている人が増えています。ＷＬＢは「他人事ではない」全従業員に共通する課題なのです。

■家族の介護

2007年に定年退職した団塊の世代は、2022年には75歳になり、要介護状態になる人も増えてきます。そのとき、その子供世代は働き盛りといわれる40代後半〜50代であり、企業の中枢にいることが多いはず。介護は育児より予定が立ちにくいだけに、彼らが家族の介護で突然退職したら、どうなるでしょうか。

■自分の病気

介護と同じく、誰にでも起こり得ることです。「治療に専念したり、病気や障害で長時間働けなくなったから退職」より、「治療したり、身体を労わりながら仕事は少しずつでも続けていく」選択肢があった方が、働く側は元気になれます。もちろん、心身を疲弊させないよう、日頃から気を配ることがもっとも大切であることは言うまでもありません。

■価値観の多様化

自己啓発や趣味、あるいは地域社会での活動などを大切にしたいと望む人たちが増えています。
自分の生活を充実させることで、スキルや人脈、アイデアが得られて、仕事の質を高め効率を上げることが期待できます。

【参 考】仕事と生活に対する希望優先度の変化

「仕事」より「家庭生活」「地域・個人の生活」を優先したいが増加の傾向

	2007年8月	→	2008年6月
「仕事」を優先したい	11.2%	→	5.3%
「家庭生活」を優先したい	27.7%	→	29.9%
「地域・個人の生活」を優先したい	3.9%	→	3.8%
「仕事」と「家庭生活」をともに優先したい	27.7%	→	26.3%
「仕事」と「地域・個人の生活」をともに優先したい	3.6%	→	3.7%
「家庭生活」と「地域・個人の生活」をともに優先したい	9.7%	→	14.4%
「仕事」と「家庭生活」と「地域・個人の生活」をともに優先したい	14.7%	→	15.4%
わからない	1.4%	→	1.1%

資料出所：内閣府「仕事と生活の調和（WLB）に関する特別世論調査」(2008年)

2 生産性向上

WLBに向けての働き方の改善は生産性の向上策と両輪で実施します。労働時間・場所などの見直しや、仕事の負荷・プロセスの見直しは、業務効率の向上策であると同時に、労働時間を短縮させ、コストを削減することで生産性を高めます。WLBでは、働き方の改善と生産性の向上が一体で進むことになります。

■労働生産性の向上と労働時間の短縮

労働生産性が高いほど、総労働時間が短いとの調査結果があります。総労働時間を減らすためには、仕事を見直すことによって、無駄な仕事を排除し、仕事の手順や分担を見直すなど業務処理のプロセスを改善することが必須です。一方で、仕事を時間内に終わらせるという意識を従業員に持たせるとともに、定時で業務を終えられる時間管理スキルを高める施策も忘れてはなりません。

図表11　長時間労働削減の取り組みによる影響

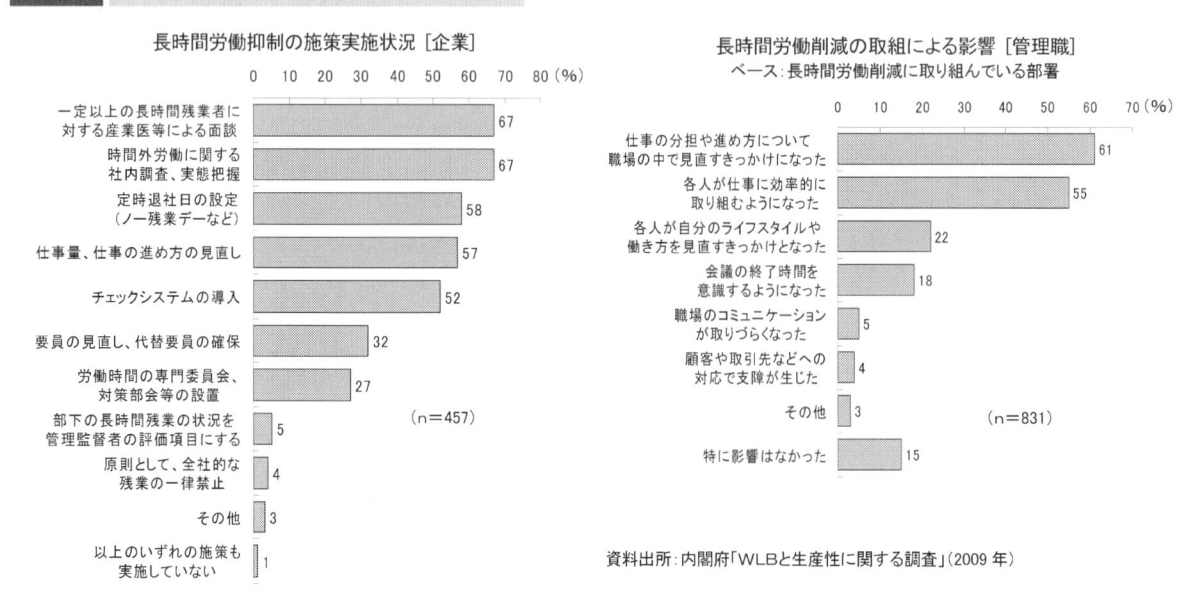

長時間労働抑制の施策実施状況［企業］

- 一定以上の長時間残業者に対する産業医等による面談　67
- 時間外労働に関する社内調査、実態把握　67
- 定時退社日の設定（ノー残業デーなど）　58
- 仕事量、仕事の進め方の見直し　57
- チェックシステムの導入　52
- 要員の見直し、代替要員の確保　32
- 労働時間の専門委員会、対策部会等の設置　27
- 部下の長時間残業の状況を管理監督者の評価項目にする　5
- 原則として、全社的な残業の一律禁止　4
- その他　3
- 以上のいずれの施策も実施していない　1

(n=457)

長時間労働削減の取組による影響［管理職］
ベース:長時間労働削減に取り組んでいる部署

- 仕事の分担や進め方について職場の中で見直すきっかけになった　61
- 各人が仕事に効率的に取り組むようになった　55
- 各人が自分のライフスタイルや働き方を見直すきっかけとなった　22
- 会議の終了時間を意識するようになった　18
- 職場のコミュニケーションが取りづらくなった　5
- 顧客や取引先などへの対応で支障が生じた　4
- その他　3
- 特に影響はなかった　15

(n=831)

資料出所:内閣府「WLBと生産性に関する調査」(2009年)

■優秀な人材の確保・維持

弾力的な時間帯・場所で就労することが可能な職場では、優秀な技術者や女性、ノウハウを持った元気な高齢者が定着しやすくなります。この従業員を定着させるために必要なコストは、従業員を雇い直すためのコストよりも小さいという調査結果があります。例えば、出産する女性が退職しないで就業を継続するために要する費用は、新規従業員を採用し育成する場合より、かかる費用は小さくなります。また、従業員が長年獲得してきた知識や経験を失うことなく維持することは、企業にとって大変大きなメリットです。

Ⅲ 自社で導入するには

図表12　女性従業員が出産後に就業を継続する場合と退職する場合のコスト比較の例

退職の場合
- 退職後3か月後に、中途採用を補充
- 補充までの間、同僚従業員が退職者の仕事を残業して処理する

支払うことになる費用
- 中途採用者の採用や研修関係経費
- 中途採用の給与
- 欠員補充者の給与
- 中途採用者が仕事に慣れるまで同僚が仕事を手伝う費用　等

支払わないことになる費用
- 退職者に支払うはずだった給与　等

企業の負担　大 ＞ 小

就業継続の場合
- 育児休業。その後短時間勤務で就業
- 育児休業、短時間勤務期間中は代替要員が事務を処理

（従業員の知識・経験の損失を防止）

支払うことになる費用
- 休業または短時間勤務期間中の代替要員の給与
- 代替要員が業務に慣れるまで同僚が事務処理を手伝う費用　等

支払わないことになる費用
- 女性従業員へ支払うはずだった給与

＊代替要員を確保すると助成金を申請できる場合もあります。

従業員1,000人以上の企業の場合

A: 投入コスト　437万円
　　節約コスト　335万円
　　純コスト　　102万円

B: 投入コスト　1,084万円
　　節約コスト　1,004万円
　　純コスト　　　80万円

従業員100人〜999人の企業の場合

A: 投入コスト　400万円
　　節約コスト　312万円
　　純コスト　　 88万円

B: 投入コスト　1,008万円
　　節約コスト　 936万円
　　純コスト　　 72万円

（参考）従業員1人の採用・育成コストは998万円（大企業・製造業の場合）

採用費　　300万円
研修費　　170万円　　合計　998万円
人件費等　528万円

資料出所：男女共同参画会議　仕事と生活の調和（ＷＬＢ）に関する専門調査会　「企業が仕事と生活の調和に取り組むメリット」（2008年）を元に編集

■従業員の健康を維持することによる生産性向上

　労働時間を短縮することは、従業員の心身の健康を良好に保つとともに、病気にかかってしまって業務に影響を与えるというような不測の事態を減少させます。またミスによる不良品の発生といったトラブルを減少させることにもつながります。

図表13　ワーク・ライフ・バランスで期待できる生産性向上の例

項　目	具　体　的　内　容	確認
コストを削減する	する残業を減らすことで、賃金コストが削減できる	
	社会的イメージが向上することで、優秀な人材の採用コストが軽減できる	
	モチベーションの高い従業員により、生産性が向上する	
	製品不良率の低減などにより、品質問題が減少する	
	従業員が自律化することで、管理コストが削減できる	
	健康問題など、医療関連コストが削減できる	

19

業務プロセスを効率化する	管理職の業務パフォーマンスが向上する	
	無駄な作業を排除することで、作業効率が向上する	
	シンプルで効率的な業務プロセスを実現できる	
	従業員の定着率が向上し、知識や経験の蓄積と社外への流出や紛失が防止できる	
	ケアレス・ミスを削減できる	
	IT活用により、業務を効率化できる	
能力を向上させ業務処理を高度化する	会社のために働く貢献意欲が向上する	
	従業員の満足度向上が、顧客満足の向上につながる	
	社会的な関わりが充実することで、市場ニーズに対応する優れた人材を育成できる	
	従業員の多能工化、多職能化、能力向上が進む	
	改善活動への参画により、コミュニケーション力、想像力、問題解決力の向上（第3次産業におけるサービス業に必要な人材育成）が進む	
	情報共有範囲が拡大する	
	従業員が自律化することで、業務パフォーマンスが向上する	

図表14　残業削減の取組みによる効果

【中小企業経営者の声】残業を削減した結果、仕事の生産性が向上した。コストが削減できた。この声からしても、残業を削減することで、業務の効率化が進むといえます。

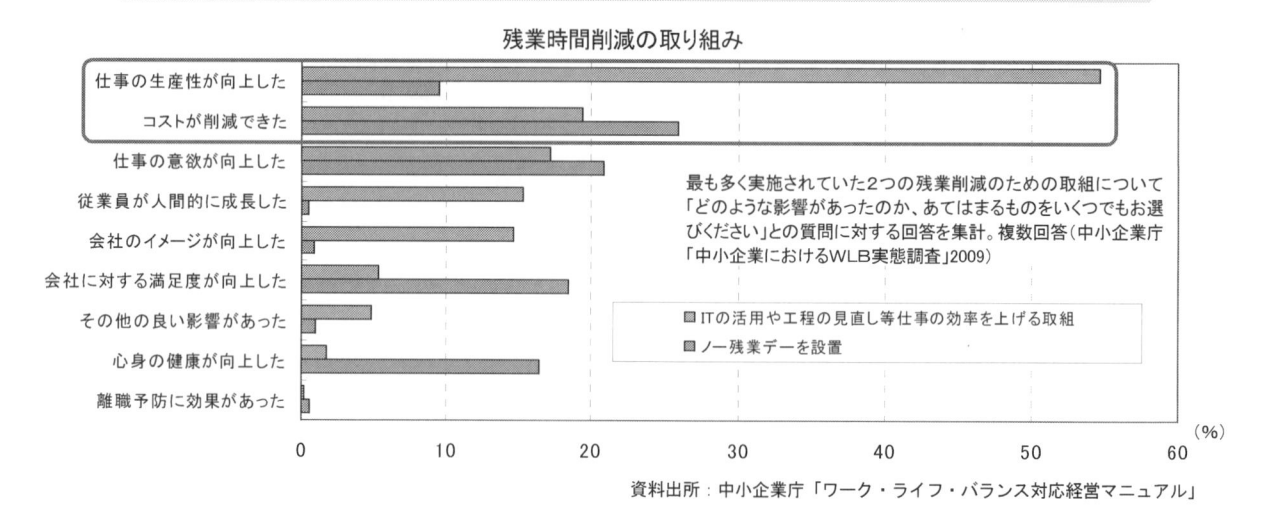

残業時間削減の取り組み

最も多く実施されていた2つの残業削減のための取組について「どのような影響があったのか、あてはまるものをいくつでもお選びください」との質問に対する回答を集計。複数回答（中小企業庁「中小企業におけるWLB実態調査」2009）

□ ITの活用や工程の見直し等仕事の効率を上げる取組
■ ノー残業デーを設置

資料出所：中小企業庁「ワーク・ライフ・バランス対応経営マニュアル」

3　競争力強化戦略＝付加価値創出力の競争

　WLBの整備には、様々な考え方を持ち、働き方をする従業員が、お互いの業務をシェアし合う協働意識が重要になります。そして、そのような活動こそが、コミュニケーションを自由闊達にし、従業員が一丸となって経営に参画する風土を培い、より高い付加価値づくりにつながっていくのです。

図表15　付加価値創出型組織への発展

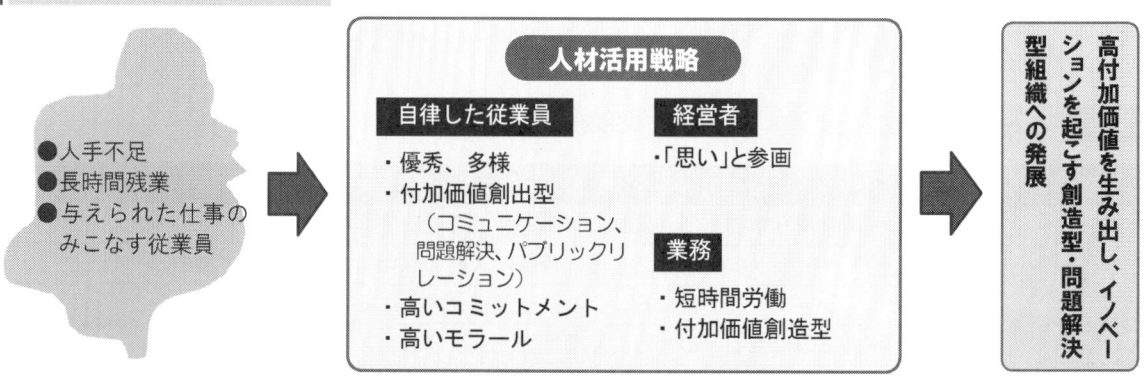

- 人手不足
- 長時間残業
- 与えられた仕事のみこなす従業員

→ **人材活用戦略**

自律した従業員
- 優秀、多様
- 付加価値創出型（コミュニケーション、問題解決、パブリックリレーション）
- 高いコミットメント
- 高いモラル

経営者
- 「思い」と参画

業務
- 短時間労働
- 付加価値創造型

→ 高付加価値を生み出し、イノベーションを起こす創造型・問題解決型組織への発展

＊パブリックリレーション：持続的・長期的に信頼と理解を得ようとする活動のこと。
＊コミットメント：責任を伴う約束のこと。約束に対する強い決意や覚悟が含まれる。

Ⅲ 自社で導入するには

■解決すべき課題

付加価値を創り出す組織をつくるには、これまでと違った企業風土・文化を醸成することが重要です。その実現のためには、解決しなければならない課題があります。事前に課題を認識し、これを解決するために計画的に取り組むことが重要です。

図表16　解決すべき課題例

項　目	具 体 的 内 容	確認
業務の改革	トップ自らが行う「思い」を周知し推進活動へ参画させる	
	管理者の意識を改革し、マネジメント能力を向上させる	
	従業員の意識を改革し、活動に積極的に参画させる	
	従業員の裁量権を拡大する	
	コミットメントと実績による評価、目標管理による人材育成と実績による評価を進める	
	労働時間の長さや休暇取得などに関係なく、実力や成果を評価する制度をつくる	
	長期的ビジョンに沿った、各従業員のキャリアプランニング制度をつくる	
	仕事をシェアするバックアップ体制の整備、ＷＬＢ利用者のための代替要員の確保、制度利用者がいる組織への支援体制、業務分担への配慮などを行う	
	多能工化、（個人でなく）組織による業務管理を行う	
	女性や高齢者を主要・基幹業務に活用する	
	各種ハラスメントを防止する	
文化・風土の改革（チームによるコミュニケーション文化を醸成する）	社外（育児、介護、趣味、社会貢献など）での多様な生活経験を、組織の知恵として活用できる風土をつくる	
	トップと従業員が活発に意見交換できる風土をつくる	
	多様な人材がコミュニケーションを取り、お互いに助け合う風土をつくる	
	会社と会社以外の私生活の両立など、様々な考えや働き方を認め合う風土をつくる	
	自己啓発支援など学習することを意識づける	
	社会活動に従業員が参加できる機会を創り出す	
	会社自身の社会貢献参加、社会とのコミュニケーション活動と会社への高い評価と認知	

◆ヒント◆ ——休業者の代替要員を確保するには？

以下はいずれも、休業者が元の職場や業務に戻るための代替要員の確保策です。

●ドミノ人事

休業者の代替策として、そのポストに一時的に部下を昇格させる仕組みとして、ドミノ人事があります。昇格した部下は、一定期間上位の仕事にチャレンジすることになり、成長スピードが高まります。部下のさらに下位の者もその期間は昇格し、最終的な定型業務はアウトソーシングにするか、派遣などで対応します。人材育成策としても有効です。

●休業者の業務を報酬付きで他に割り振る

休業者の業務を同じ部署、もしくは他部署からの応援で分担する場合、応援者への対価として、休業者の給与分を分配して上乗せする方法があります。休業中の休業者は無給であるため新たなコストにはならず、応援者も報われることになり、当事者にストレスのない方法です。

●ＯＧ・ＯＢを活用する

自社をいったん退職したＯＧ・ＯＢを登録しておき、代替要員として活用します。

●多能工化、多職能化を進める

従業員が複数の業務に就けるように、日頃からトレーニングを進めておくと、代替業務へのシフトや兼務が容易になります。通常から職務分担表を作成し、パーツ化と平準化を日常的に進めておくことで、業務が属人化してしまうことを防ぐことが重要です。

2 一般事業主行動計画を策定する

　WLBを段階的かつスムーズに導入するためには、まずは、「一般事業主行動計画」の策定から着手することをお勧めします。

　「一般事業主行動計画」とは、次世代育成支援対策推進法に基づき、各企業が、仕事と子育てを両立させるための雇用環境の整備や、子育てをしない者をも含めた多様な労働条件の整備などに取り組むための、①計画期間、②目標、③その達成のための施策と実施時期などを定めるものです。

　2011年4月1日より、この計画の策定・届出義務の対象が「従業員301人以上の企業」から「従業員101人以上の企業」に拡大されます。100人以下の企業は引き続き努力義務とされますが、企業の規模を問わず、「一般事業主行動計画」を策定することは、WLB導入の入り口として、従業員の意識づけや計画的推進のよいきっかけとなります。

　なお、「中小企業両立支援助成金（1人15万円、一年度1事業主10人まで)」（76頁参照）のように、この計画を策定し届出ていることが受給要件となっている助成金もあります。

1 「一般事業主行動計画」策定のフロー

　一般事業主行動計画の策定は、まず「自社の方針を明確に」した上で、「自社の現状・従業員ニーズの把握」へと進めましょう。

図表17　一般事業主行動計画策定のフローチャート

ステップ	内容	備考
❶	自社の方針を明確にする	●厚生労働大臣の認定取得を検討
❷	自社の現状・従業員のニーズを把握する	自社ニーズと客観的指標の併用
❸	「一般事業主行動計画」を策定する	「計画期間」、「目標」、「達成のための対策と実施時期」の3ステップ
❹	都道府県労働局へ届け出る	「一般事業主行動計画策定届」の作成
❺	行動計画を周知・実施する	PDCAサイクルにより適宜見直し
❻	目標を達成する！	●都道府県労働局へ認定申請と認定
❼	次期行動計画を策定する	2015年3月31日までの期間は継続して計画策定・届出を実施

III 自社で導入するには

2 一般事業主行動計画を作成する

一般事業主行動計画（以下、「行動計画」）の詳細は、厚生労働省のホームページに搭載されています。（http://www.mhlw.go.jp/general/seido/koyou/jisedai/）

図表18 行動計画の例

> 会社の人事政策全体の目標として大きな目標を示します。

●●社行動計画

従業員が働きやすい環境をつくることによって、全員がその能力を十分に発揮できるようにするため、次のように行動計画を策定する。

1 計画期間　　平成○年○月○日から平成○年○月○日までの○年間
2 内　　容

> 計画は具体的に、進捗がチェックできるように書きます。計画倒れになることを防ぐため、繁忙期などを考慮し、実現可能性の高い計画を立案します。

目標1　平成○年○月までに残業を○時間／月以下まで削減するため、ノー残業デーを設定し、拡大する。

＜対策＞
- ○年○月　　残業の現状および問題の要因を分析するプロジェクトチームを設置する。
- ○年○月　　プロジェクトチームと部署長で、業務フローを改善する。
- ○年○月　　月1回ノー残業デーを設定する。
- ○年○月　　管理職に対して研修を行う。
- ○年○月　　社内広報誌を活用して周知・啓発する。
- ○年○月　　週1回ノー残業デーを設定する。

目標2　計画期間内に、男女の育児休業状況を次の水準以上にする。
　　　　男性：年に○日以上育児休業　／　女性：育児休業率○％以上

＜対策＞
- 平成21年11月　男性も育児休業を取得できることを管理職に対して研修で周知する。
- 平成21年12月　社内広報誌を活用して周知・啓発する。
- 平成22年2月〜　育児休業中の従業員に対する職場復帰のための講習会を計画・実施する。

3 厚生労働大臣の認定を受ける

事業主は、行動計画を策定し、一定の要件を満たしたときに、「次世代育成支援対策に取り組んでいる企業」として厚生労働大臣の認定を受けることができます。認定されると特製ロゴマークを使用できるなど、効果の高いPRが可能になるため、優秀な人材の確保や企業のイメージアップに有効です。

右に挙げるのは認定要件の一部です。

詳細は、厚生労働省のホームページを参照してください。
(http://www.mhlw.go.jp/general/seido/koyou/jisedai/ikusei/index.html)

行動計画の主な認定要件

- 雇用環境の整備について、行動計画策定指針に照らし適切な行動計画を策定したこと
- 行動計画の計画期間が、2年以上5年以下であること
- 行動計画を実行に移し、定めた目標を達成したこと（証明資料が必要）
- 3歳から小学校に入学するまでの子を持つ労働者を対象として、「育児休業制度または勤務時間短縮等の措置に準ずる措置」を講じていること
- 次の(1)〜(3)のいずれかを実施していること
  (1)所定外労働の削減措置、(2)年次有給休暇の取得促進措置、(3)その他労働条件の整備措置

4 一般事業主行動計画の作成フロー

それでは、行動計画作成の基本的な流れをチェックリスト形式で見ていきましょう。

行動計画を実行していくには、「社内体制・環境」が重要な要素となります。いきなり計画作成に着手するのではなく、まずは前段として「社内体制・環境」に関する項目から確認してみてください。

■社内体制・環境づくり

図表19　行動計画の作成チェックリスト【社内体制・環境】

テーマ	項目	内容	ポイント&留意点	確認
社内体制・環境	行動計画をはじめ、WLBに取り組む方針が明確である	経営者が経営方針として明言する	WLB推進には、トップの強力なリーダーシップが欠かせない。まずは、経営者の意識を変える	
	WLB推進プロジェクトチームを立ち上げる	従業員の主体性を尊重したチームづくりを心がける	多様なアイデアを集めるため、立場の異なる従業員で構成される組織横断的なチームが望ましい	
	業務量の配分を見直す	プロジェクトチームメンバーの業務負荷を減らす	プロジェクトチームの作業工程表を作成し、各メンバーがプロジェクト関連作業に要する時間を確保する	
	外部の専門家と共同する	コンサルタントやWLBアドバイザーなどを活用する	自社の自主的な取り組みであることを忘れず、社内での担当や責任の所在を明確にしておく	
	自社の雇用環境の現状を把握する	自社のWLBに関する基本データを整理する	従業員属性、勤続年数、所定外労働時間、WLB関連制度の利用状況などを収集・分析する	
		自社従業員のニーズを把握する	大企業：アンケート調査、労働組合等から意見を聴取する 中小企業：アンケート調査、従業員と直接に対話するなど	
		自社の雇用環境を客観的に把握する	「両立指標に関する指針」（厚生労働省）や「WLB企業診断指標」（財団法人21世紀職業財団）などを利用する	

■期間・目標・対策スケジュール

図表20　「一般事業主行動計画」作成チェックリスト【期間・目標・対策スケジュール】

テーマ	項目	内容	ポイント&留意点	確認
「一般事業主行動計画」の策定	計画期間を設定する	自社の実情に合った実現可能な期間を設定する	「2年以上5年以下」を目安とする ＊厚生労働大臣の認定を受けるには、上記期間が必須条件	
		計画策定回数を検討する	2015年3月31日までは、繰り返し行動計画を策定する	
		公的助成金の利用を検討する	助成金の申請時期を考慮して早めに策定する 例）「中小企業子育て支援助成金」の受給期間は2011年度末まで	
	目標を設定する	重要な目標例を参照する	目標の具体例として、「行動計画策定指針」（厚生労働省）を参考にする ＊厚生労働大臣の認定を受けるには、策定必須の項目あり	
		自社の実情に合った実現可能な目標を設定する	従業員のニーズを反映させながら、目標の優先順位を検討する	
		目標数を検討する	目標の数よりも、その内容や達成可能性を重視する	
		目標は具体的に設定する	達成度を明確にするために、具体的な時期や数値などを用いて定量的な目標を設定する	

「一般事業主行動計画」の策定	目標を設定する	従業員の合意を得る	推進に協力してもらうためにも、従業員満足度を高めるためにも、目標に対する従業員の納得感を大切にする	
	目標達成のための対策と実施時期を設定する	対策例を参照する	「行動計画策定指針」(厚生労働省)や他社事例を参考にする	
		現行の対策の適否を検証する	現行のＷＬＢに関する社内ルールが従業員のニーズに合致しているか、形骸化していないかなどを確認する	
		制度の維持・改廃・新設を検討する	目標ごとに、明文化や届出などにかかる作業負荷、メリット・デメリットなどを考慮して、どの選択が望ましいかをシミュレートする	
		運用レベルでの対応を検討する	目標ごとに作業負荷やメリット・デメリットなどを考慮して、目標実現可能性をシミュレートする	
		概算コストを見積もる	制度の改廃・新設や、運用にかかるコスト、プロジェクトチームの作業時間、作成物の製作費などを考慮する	
		制度化と運用で対応の併用を検討する	中小企業では、運用を重視した最低限の制度設計が望ましい	
		対策に優先順位をつける	コストと実効力(従業員満足度の向上、業績への貢献など)を勘案する	
		対策の実施スケジュールを明確にする	業務繁忙期などを考慮しながら、「現状」、「改善策」、「タスク」、「担当者」、「作成物」、「期日」などを一覧表で見られる「WLB進捗管理シート」を作成する	
		完成した行動計画を公表する	全従業員に公表することで、従業員の積極的な参画や意識づけが期待できる	
		行動計画策定を届け出る	行動計画そのものではなく、「一般行動計画策定・変更届」に必要記載事項を記載し、都道府県労働局に提出する	

行動計画を提出した後は、実行あるのみです。目標達成に向けて頑張ってください！

Column　ワーク・ライフ・バランスを成功させるポイントは？

❶ 経営者が本気になる
　信念を持って、あらゆる機会にメッセージを発しましょう。
❷ 管理職の意識を改革する
　管理職には新しいマネジメント能力も必要になります。
❸ ２つの見直しを進める
　既成概念と仕事の進め方をゼロベースで見直します。
❹ 従業員の自律性を高める
　自己管理能力、時間管理能力の開発を支援します。
❺ 公平・公正に処遇する
　賃金処遇や人事評価と労働時間の関係を見直します。
❻ 心＝柔軟な運用を重視する
　形＝制度を整える以上に、従業員に対する「心」が大事です。

ＷＬＢは新しい戦略です。当初はトライ＆エラーで臨みましょう。運用して不都合が生じる場合は、柔軟に改善を加える姿勢で進めることが大切です。

3 ワーク・ライフ・バランスを導入するステップ

次にWLBの一般的な導入手順をみると次のような手順となります。この手順が、効果的と考えられますが、必ずしもこのとおりである必要はありません。自社の業種や規模、組織の状況に合わせてステップを選び、できるところから取り組むと良いでしょう。

図表21　ワーク・ライフ・バランスの導入〜7つのステップ

STEP ❶　導入目的を明確にする
自社に合ったWLBの目的
自社に合ったWLBの目標像・目標値

①目的・目標と現状のギャップが課題
②トップが示す事柄

STEP ❷　取り組み体制を整える
経営層の意識改革を進める
自社に合った体制を整える

①経営者率先型
②総務・人事主導型
③プロジェクトチーム型
④少数専任もしくは兼任型

STEP ❸　職場の現状分析と問題点を把握する
自社に合った導入方法を検討するため、自社の現状と従業員のニーズを把握する

①既存の制度や利用状況を調査
②従業員のニーズを調査
③調査結果を基に課題を整理

STEP ❹　施策メニューを検討し、確定する
他社の事例を収集するなど、多くの施策例を集め、自社のニーズに合った取り組みメニューを決定する

①仕事の進め方や業務の見直しのため
②「自立した従業員」の育成のため
③管理職の意識改革のため

STEP ❺　アクションプランを作成する
制度の改善・新設、その運用方法を決め、行動計画を策定する

①実施内容
　What, Why, Who, Where,
　Whom, How to, How much
②実行スケジュール
　When, How long

STEP ❻　本格的に導入し、実施する
制度や仕組みを周知し、啓発する
不具合がある場合は素早く対応する

①定着に向けた周知
②モニター
③社外へのアピール

STEP ❼　PDCAサイクルを回し、改善する
成果の指標をつくり、点検し見直す
PDCAサイクルにより、さらなる改善点を探る

①成果の点検：施策の活用頻度、従業員満足度、企業の成長度
②PDCA（※）

※P36参照

Ⅲ 自社で導入するには

4 ワーク・ライフ・バランスを導入する具体的な手順 −その内容と留意点−

　ここでは前項に示した各ステップごとの内容と留意点を挙げるとともに、チェックリスト方式で点検していくこととします。

1 導入目的を明確にする

項　目	内　容	ポイント＆留意点	確認
導入方針を明確にする	経営方針としてトップが表明	トップの明確な姿勢を示す 実現の契機は「トップダウン」が最多（※1）	
目的・目標を設定する	自社に合わせた目的・目標（数値）を定める	従業員ニーズを反映させる 明文化し、社内に周知する	

（※1）　経営トップ、管理職層を巻き込むポイント

項　目	内　容	確認
関連情報を提供する	日々のマスコミ記事、他社経営者の登場記事、社内調査データなど	
勉強会へ参加する	業界団体や公的機関の主催する勉強会にアテンドする	
社外第三者と話し合う	外部専門家、メディア記者などと面談する	
従業員との懇談会を開く	従業員とのランチミーティングなど	
関連社外イベントへ出席する	客観的動きを体感してもらう機会をつくる 情報提供だけでも効果的	
社外イベントにゲスト・講師として参加する	スピーカーとしての登場機会をつくる 自らの外部発信が自社での推進の弾みになる	
社内イベントにゲストとして参加する	ゲストとしての登壇が意識変革のきっかけになる 公の発言履歴が意識変革をもたらす	
関連事項の執筆を依頼する	思考を伴う執筆は、WLBへの理解を深める	

2 取り組み体制を整える

項　目	内　容	ポイント＆留意点	確認
トップの係わり方	①経営者率先型 社長直轄：トップ自らが先頭に立つ ・決断が早く、強い推進力を持つ ・特に中小企業では効果的	トップの独断にならないように注意する	
		トップは従業員の実情を把握する	
		トップは機会あるごとに従業員に、自らの推進姿勢を伝える	
	②兼務型A：総務・人事主導型 ・総務・人事部門が起案しリード ・トップは指示と承認	100人以上の企業規模になると、組織対応が必要となる	
		担当部門は従業員からの信頼が必要	
	③兼務型B：プロジェクトチーム型 全社横断：多様な意見が施策を創る ・企業規模を問わず効果的な形態 ・トップはしっかりサポート	多様な部門・従業員で構成されている	
		従業員の主体性が発揮されている	
		当事者の声が反映されている	
		トップのサポートがある	
	④専任部門設置型：「WLB推進室」など独立した部署を設置する ・トップは報告を受ける	中〜大企業の組織的な推進に適する	
		トップは丸投げをしない	
		管理職は常に報告を受け、必要な指示をする	

			確認
経営層の意識を改革する（※1）	・戦略視点を明確にする ・様々な意識啓発機会を捉える	提案活動では、環境分析と自社の課題解決型の戦略提案とし、自社のメリットを明確にする	
		外部講演会への出席や客観情報の提供など、意識改革のための機会を積極的に活用する	
部門・担当を決定する（※2）	・適任部門、適任者をしっかり調整 ・担当を明確にする	ＷＬＢの推進は、人選の調整・準備から始まる	
		担当部門・担当者の責任と権限を明確にする	
	A．総務・人事部門が担当 ・組織対応となる ・専門部門のため施策を検討しやすい	トップと従業員の橋渡し役として、常に従業員に対する情報開示に努める	
		人選では、担当経験よりは、問題意識の有無が重要となる	
		従業員ニーズを踏まえることで、空回りや、疑念・反発を防止する	
	B．プロジェクトチームを編成 ・実行の効果性を高める対応となる ・メリットは、①多様な意見を集約できる、②具体的、現実的な施策となる、③現場従業員が参画するため、行動が主体的になり、実行がスムーズに進む、④活動が見える化され、社内へのＰＲ効果が上がる	多様な従業員の参画を求める	
		女性従業員に参画させる（男性、女性が両方いる）	
		会社の主戦力となっているような男性従業員を味方にする	
		社内の公的組織として位置づける（例：社長直轄、人事部長管轄など）	
		リーダーが権限を持つ	
		理解のある管理職を味方に巻き込む	
		事務局はプロセス管理をしっかり行う	
	C．兼務・一人制 ・孤立しないように、社内に情報ネットを持つ	意欲的な人材を指名・抜擢する	
		２人以上の体制が望ましい	
		社内の公的組織として位置づける（例：社長直轄、人事部長直轄など）	
		社内に相談できるネットワークを持つ	
		トップ・担当上司に常に報告・連絡・相談する	
	・「非公式なワーキンググループ」の活動を支援 ・社内の公式組織以外に、従業員による協力組織があると推進しやすくなる	問題意識や関心を持つ従業員を公募する	
		ボランティア精神の自由な集まりとする	
		担当者・チームを応援し、現場と担当者をつなぐ役割を果たす	
		管理職層の理解を得ておく	

（※2）　企業規模別で異なる成功ポイント

規模別	成功ポイント	補　足	確認
小規模企業	経営者の意識改革が最重要課題	施策の採否と推進は経営トップの判断次第	
	経営トップがリーダーシップを発揮する	独善的・恣意的にならないように注意	
	制度・規定よりは柔軟な対応を優先する	制度は後からで間に合う	
	従業員に周知する	実施の目的や効果、方法などを明文化し明示する	

中堅企業	経営トップがリーダーシップを発揮する	成否は経営トップの意識とリーダーシップ次第	
	組織として制度化をする	目的や効果、実施方法などを明文化し明示する	
	多様な構成の従業員へ周知徹底する	きめ細かな意見聴取が前提となる	
	従業員とともに課題解決に当たる	推進チームの編成など	
大企業	形式的になりやすく、「実際には利用しづらい」という問題を解決する	組織・制度づくりに慣れ、形式主義に陥る危険がある	
	管理職の意識を改革する	管理職の理解が追いつかないと、形だけになる	
	個々のニーズをきめ細かに聴取する	ヒアリングなどで定点調査する	

3 職場の現状を分析し問題点を把握する

項目	内容	ポイント＆留意点	確認
現状の制度・利用状況を調査する	・ＷＬＢに関連する基本情報を整理・分析する ・組織風土をチェックする(※3)	従業員属性、勤続データ、制度、残業時間、制度利用状況など基本情報を整理する	
		特徴的な傾向を分析し、データ化する	
		先進事例や同業他社の事例を収集し整理する	
従業員のニーズを調査する	・ヒアリング調査(※4)：個人や組織の要望を深く把握できる。外部インタビュアーの方が聴取しやすい ・アンケート調査(※5)：無記名・個人を特定しない形で、実態に即した意見を収集できる	ヒアリング調査で仮説を深め、アンケート調査で多様な視点とその軽重を把握し、客観化する	
		ヒアリングは1対1か、1対n（グループインタビュー）かを決める	
		アンケートは全従業員を対象とする	
		アンケート結果は、社内全体にフィードバックする（現状を共有し参加意識を高められる）	
		定期的にアンケートを実施し、事前・事後・経年の変化を見る	
		トップと従業員の直接対話も効果的（例：目標管理面談、ランチミーティングなど）	
問題を把握する	・調査結果を基に問題点を洗い出す	問題の解決構造を探る	
課題を整理する	・問題点をその性務によって分類し、解決するための道筋を検討する。 ・必要に応じて人事制度の変更を検討する（採用・配置・処遇・評価など）	自社データと他社データを突き合わせる	
		課題の解決構造を明確にする	
		課題解決に合わせた採用・配置・処遇・評価の制度化と運用をシミュレートする	
		外部の専門家の支援を受けるのも効果的（例：公的支援メニューを活用した専門家の派遣など）	

(※3) 組織風土のチェック表の例

ＷＬＢの実現には、組織の柔軟性や社内風土が強く関係しています。自社の組織風土はどうでしょうか。次に挙げる項目のうち、当てはまるものに○をつけて自己診断をしてみましょう。

	内容	診断
1	学歴や年齢・性別に関係なく、個人の「能力」が評価されている	
2	育児休業・介護休業者が、休業前と同じ職場・職位で復帰した実績がある	
3	男性の育児休業者がいる	
4	有給休暇が取りやすい	

5	長時間労働や残業をなくそうとしている	
6	役職の階層が少なく、フラットに近い	
7	女性の管理職登用が進んでいる	
8	お茶出しやコピーが女性従業員の仕事とされることはない	
9	従業員の意見を反映させる仕組みがある（勤務地、勤務時間の希望を聞くなど）	
10	中途採用の従業員や幅広い年齢層の男性・女性従業員など、多様な人材が活躍している	
11	高齢者や障害者の雇用に取り組んでいる	
12	職場では、お互いの仕事内容をよく理解している	
13	従業員どうしのコミュニケーションが活発である	
14	パートタイマーや派遣従業員の働きやすさに配慮している	
15	従業員の能力開発や自己啓発に積極的である	
16	経営トップの考えやメッセージが末端まで理解されている	
17	男性従業員の育児参加が社内で話題になる	
18	従業員満足度が高い	
19	社外の取引先や顧客から社風を褒められることがある	
20	社名が地域社会で知られており、評価も高い	

診断結果

○が5個以下…やや硬直的な組織風土になっていませんか？ 従業員の声を聴く、同業他社の事例を研究することなどで、自社の課題が見えてきます。風通しのよい柔軟な組織づくりを目指しましょう。それがＷＬＢの実現の第一歩であり、組織の活性化の要でもあります。

○が6個〜15個…ＷＬＢを進める土壌ができています。取り組みをさらに具体的に進めましょう。取り組みを深めることにより、業務の効率化が進み生産性が高まります。

○が15個以上…ＷＬＢが進んでいます。マンネリ防止・後戻り防止を含めこれまでの取り組みの精度を一層高めましょう。

（※4） ヒアリング調査の内容・注意事項など

内　　　　容	確認
何を聞きたいかによって、対象者を、性・年齢・役割・職種・結婚の有無・子の有無などの属性で分けたうえで特定する	
5〜6名の少人数によるグループインタビューにするか、個別ヒアリングにするかを決める	
仮説（○は〜ではないか、理由は△か、解決法は□か、など）をあらかじめ立ててヒアリングする	
インタビュアーは外部の専門家を活用する（特にグループインタビューの場合は専門スキルが必要）	
グループインタビューの場合は、意見が出やすい場の設定や雰囲気づくりに留意する（会社関係者は立ち会わない、社外で行うなど）	
従業員の生の声、本音を聞き出す	
決めつけや誘導をしない	
不平・不満だけでなく、どうありたいかという、前向きのニーズを聴取する	
キーワードに関する部分は、要約・確認・繰り返しなどのコーチング的手法で深掘りする	

（※5） アンケート調査の内容、注意事項など

内　　　　容	確認
全従業員を対象に、無記名で実施する	
パートタイマーや派遣従業員も含める	
トップ、管理職向けのアンケートを別に設定する	
仮説（○は〜ではないか、理由は△か、解決法は□か、など）をあらかじめ立てて、調査票を設計する	
調査の狙いを分かりやすく明記し、協力意欲を喚起する（質問項目自体が啓発ツール）と位置付ける	
意識と実際の両面からの質問で構成する	
自由記述欄を適宜配置する（従業員の具体的意見が反映される）	
単純質問・クロス質問など、求めたい・検証したい内容に即した質問の配置と構成とする	
最大30分程度で回答できる量と内容にする。30〜40項目程度が適切	
結果は必ず、社内全体にフィードバックして、全員で現状を共有する	
定期的に実施し、比較分析・評価ができるようにする	

4 施策メニューを検討し、確定する

項　目	内　容	ポイント＆留意点	確認
現状の施策の適否をチェックする	・自社に合ったメニューを検討する	従業員ニーズとの合致、ズレを明確にする	
		会社としてやるべきことを明確にする	
		他社事例などの多くの施策と比較・評価する（※6）	
新たな施策を検討する	・施策の維持・廃止・新規導入の別を検討する ・「抵抗勢力」への説明・説得を準備する（他社事例、データなど）	誰のための、何のための施策かを明確にする	
		仕事の進め方や業務を見直す施策はどれかを明確にする	
		「自立した従業員」を育成する施策はどれかを明確にする	
		管理職の意識改革のための施策はどれかを明確にする	
		「抵抗勢力」への説明資料はどれかを明確にする	
		支援制度や助成金が利用できる施策はどれかを明確にする	
施策に優先順位を付ける（※7）	・実施すべき施策に優先順位を付け、構造化する	他社事例や広報効果の高い施策に引きずられることなく、自社のニーズに照らして優先順位を判断する	
		成果が早く見えやすい施策は何かを判断する	
		効果が出てくる順番は、「従業員満足度」→「顧客満足度」→「企業の売上高・利益率」	
		施策の維持・廃止・新規導入を一覧表化する	
		施策実施のタイムテーブル（ガントチャート）をつくる（※8）	

（※6）　施策の比較・評価

内閣府「仕事と生活の調和推進のための行動指針」で示された2017年の目標値

	現　状	2017年の数値目標
週労働時間60時間以上の雇用者の割合	10.8%	半減
年次有給休暇取得率	46.6%	完全取得
育児休業取得率	（女性）　72.3%	80%
	（男性）　0.50%	10%
男性の育児・家事時間	60分／日	150分／日
第一子出産前後の女性の継続就業率	38.0%	55%
メンタルヘルスケアに取り組んでいる事業所割合	23.5%	80%

(※7) 施策の優先順位の付け方

満足度とコストの観点から施策の優先順位を付ける

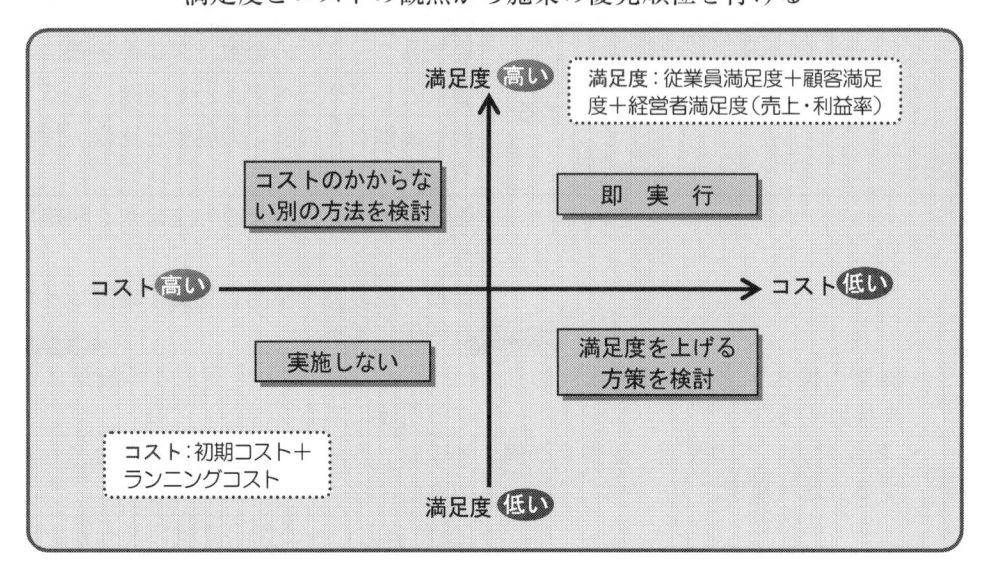

満足度：従業員満足度＋顧客満足度＋経営者満足度（売上・利益率）

コスト：初期コスト＋ランニングコスト

- 満足度高い／コスト高い：コストのかからない別の方法を検討
- 満足度高い／コスト低い：即実行
- 満足度低い／コスト高い：実施しない
- 満足度低い／コスト低い：満足度を上げる方策を検討

(※8) 参考：全体進行のタイムテーブル（ガントチャート）

例：着手～定着までのPDCAの1サイクル　1.5年バージョン

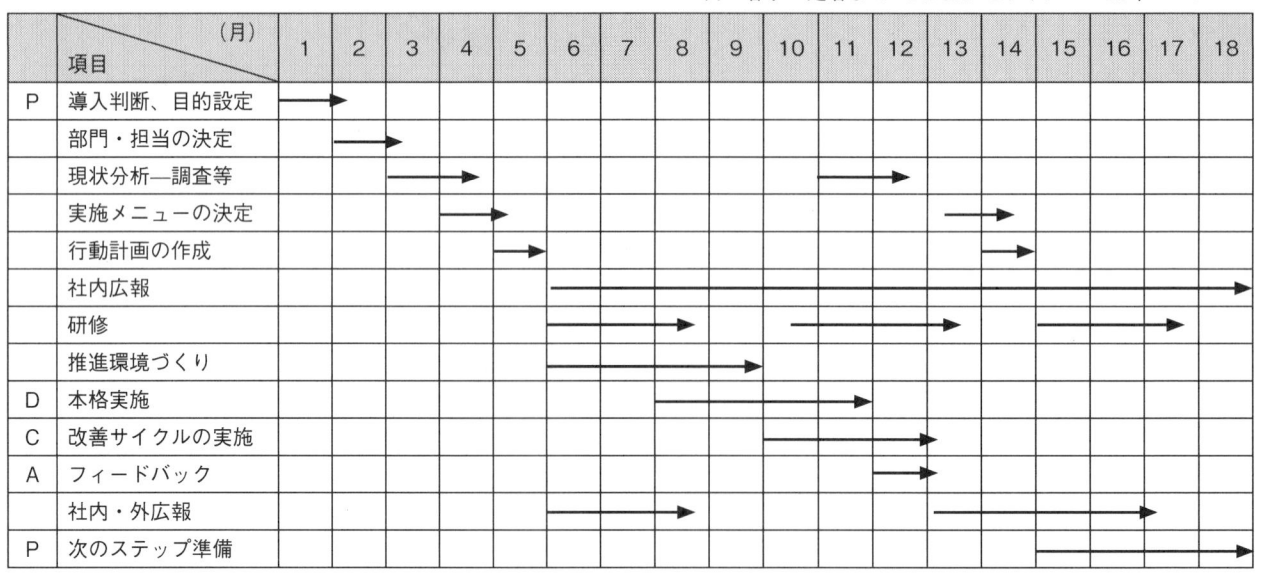

	項目 \ (月)	1	2	3	4	5	6	7	8	9	10	11	12	13	14	15	16	17	18
P	導入判断、目的設定	→																	
	部門・担当の決定		→																
	現状分析―調査等			→															
	実施メニューの決定				→									→					
	行動計画の作成					→								→					
	社内広報						――――――――――――――――――→												
	研修							→			→			→			→		
	推進環境づくり						――――――→												
D	本格実施								――――――→										
C	改善サイクルの実施											→							
A	フィードバック												→						
	社内・外広報														→				
P	次のステップ準備														→				

5　アクションプランを作成する

項　目	内　容	ポイント＆留意点	確認
必要に応じて制度を変更する	・制度化するものと運用で対応するものとを分ける（※9）（※10）	制度の変更が必要なものは、人事部門、組合等と事前に調整する	
		制度の変更では、従業員の使い勝手を考慮する	
		中小企業の場合、制度はシンプルにして、運用面で柔軟に対応する形も有効	
従業員の意見を聴取する	・実施前に従業員に広聴する	意見を内容や広報手法に反映させる	
実行施策を決定する	・小さくても成果を早く出せる施策からまず始める	ハードルの低いものから始めて成果を見えやすくする（既存施策の改善や低コストの施策など）	
施策の運用方法と行動計画を策定する	・実施内容と実行スケジュールを明確にする	アクションプランシートを作成する（※11）	
		実施内容・スケジュールを見える化する Who, When, Where, What, How to, Why, How much（コスト、財源）, How long	
経営層の理解と承認を得る	・事業計画書を作成する	問題解決シナリオを明確にする	
		自社の問題→施策で解決する方法→生み出される経営メリットを明示する	
従業員へ告知する	・社内に情報を開示する	実施と保留・将来的実施の両方を説明する	
		これまでと異なる部分やその意味を周知する（例：研修などで）	

（※9）　制度化するもの、運用で対応するものに仕分ける

　ＷＬＢ施策の中には、規程を作るなどして制度として運用した方が良いものや場合があり、また、制度化しないで運用に委せた方が良いものや場合があります。ただし、必ずしも一様ではなく、業種、規模、業態や社内風土によって異なってきます。

制度化に向いている施策

分　類	施策項目	メリット	デメリット
就業規則等で詳細を定めた方がよいもの	●金銭支給を伴う経済的支援：祝い金、奨励金、一時金など ●勤務日・時間に関する施策：休暇や勤務時間など	●明文化されるため、周知徹底しやすい ●対象者や該当理由が特定されるため公平感があって理解が得られやすい	●利用者の使い勝手に配慮しないと、形だけになる ●想定外の事態に対応しにくい

状況に対応して柔軟に運用できる施策

分　類	施策項目	メリット	デメリット
会社方針のもとで、事情に応じて柔軟に運用できるもの	●在宅勤務、時差出勤、短時間勤務 ●異動・転勤への配慮など	●従業員の個別ニーズに合わせて、きめ細かに対応できる ●想定外の事態に対応しやすい	●上司や職場の状況で差が生じる ●従業員間に不公平感を生む ●一律の周知徹底ができない

(※10) 制度化とするのと運用で柔軟に対応する方式の長所と短所

制度化と運用の長短比較

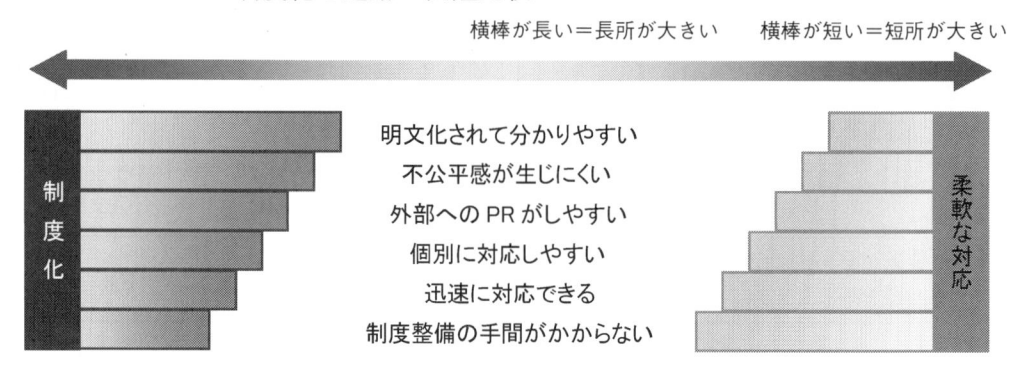

横棒が長い＝長所が大きい　　横棒が短い＝短所が大きい

制度化　　　　　　　　　　　　　　　　　　　　　　　　柔軟な対応
- 明文化されて分かりやすい
- 不公平感が生じにくい
- 外部へのPRがしやすい
- 個別に対応しやすい
- 迅速に対応できる
- 制度整備の手間がかからない

資料出所：中小企業庁「中小企業における次世代育成支援・両立支援の先進事例集」（2007年）を基に加工

(※11) アクションプランシートを作成する▶66頁参照

6 本格的に導入し、実施する

項目	内容	ポイント＆留意点	確認
周知し啓発する	・トップがメッセージを発信する ・定着するまで繰り返し周知・啓発する ・管理職層向け啓発活動を重視する ・社外へのアピールを強化する	経営者の「思い」や「意思」を従業員に直接伝える	
		制度の説明会を開催する	
		期首、期末の集会、反省会などのイベント時や朝礼、管理者ミーティング、部門ミーティングなどの場を利用する	
		社内報・ホームページ・チラシ等を活用する	
		啓発研修や講演会を実施する（※12）	
		取引先や関係業界などに向けての社外広報を強化する（※13）	
業務を効率化するための環境をつくる	・業務改善、業務効率化のハード・ソフト両面を整備する ・業務効率化、時間管理技術向上に向けた研修を行う	ＷＬＢへの理解を促進するとともに、業務を効率化する仕組みを整備する	
		従業員の時間管理スキルを高める研修を行う	
実施する	・不具合には素早く対応する ・状況に応じて柔軟に修正する ・従業員の積極的な参画を求める ・人事労務担当部門の業務の軽減策（＝共通認識を促進する）を考える	相談窓口・担当者を置く	
		具体的な取り組みの状況などについての報告会を持つ	
		意見箱や顕彰制度などで従業員の参画意識を高める（※14）	
		人事労務を中央管理にしてしまうのではなく、現場にも一定の権限を委譲する	

Ⅲ 自社で導入するには

(※12) 研修の進め方

分　類	実施項目・ポイント	確認
基　本	計画的に、活動の進捗度合に合わせて行う	
	明確な目的を持ち、すぐに役立ち、共感を得られる内容にする	
	外部の専門家の知見や研修スキルの活用も効果がある	
管理者向け研修の例	「管理者の意識改革、マネジメント能力の向上」	
	「具体的なノウハウ研修（例：女性従業員から妊娠を告げられた時、介護や育児の相談を受けた時、ＷＬＢの導入によって問題が発生した時、セクハラ・パワハラが起きた時のケーススタディなど」	
一般従業員向けの研修例	「当社のＷＬＢの目的と進め方」「当社のＷＬＢの進め方」	
	「効果的・効率的な働き方」「仕事と家庭を両立させる働き方」	
	「活用できる制度、必要な手続きの紹介」	
	「時間管理と健康管理の進め方」「仕事管理の進め方」「ライフを楽しむ方法」	
部門別研修の例	「業務プロセス見直しの方法」	
	「ＩＴを活用した業務の効率化」「情報共有化の必要性とルールづくり」	
休業者向け研修の例	「休業後のキャリア開発研修」「女性のためのキャリア開発研修」	
	「育児と介護と仕事を両立させる方法」	
	「休業後の職場復帰準備研修」	

(※13) 社外広報を強化する

手　法	メリット
パブリシティ（一般メディア、業界メディア向け。特に地域メディア、全国媒体の地域版が有望）	・知名度が高まる ・社会的な評価を得て、優秀な人材採用にプラスになる ・従業員が改めて自社の制度を知る
名刺や封筒などに、取組みのキャッチフレーズを明記する	・従業員の自覚が高まる ・取引先からの評価が高まる
経営トップが講演会で講師を務める（実践報告など）	・トップや管理職の意識改革を進める ・推進の方向性が明確になり、より取り組みやすくなる
商工業団体などでリーフレットを配布する	・地域や業界内外での評価が高まる ・CSRや法令遵守企業として認知され、尊敬される
公的支援機関が実施する推進・表彰制度に登録・応募する（厚生労働省・「くるみんマーク認定」「ファミリーフレンドリー企業表彰」など。くるみんの認定マークはP82参照）	・宣伝効果が期待できる ・従業員の誇りや愛社心が高まる ・社会的信用が高まる

(※14) 従業員の参画意識を高める様々な方法

施　策	実施のポイント	確認
経営者と従業員が個別に話し合える場を設ける	・例：経営者と従業員との懇談会、食事会など（経営者と従業員が直接コミュニケーションできる場にするためには、8〜10人程度が適当）。	
	・メンバーの選出は各部門から1人など、日頃コミュニケーションしにくい従業員を集めるという視点からの工夫も効果的	
	・経営者が一方的に話す場ではなく、フランクに意見交換できる場とする	
意見箱を設置し、現場の意見を吸い上げる	・現場の意見は、取組みを見直し、改善するために活用する	
	・意見には、責任者からタイムリーにフィードバックすることが重要	
	・意見を出すことで、従業員の参画意識が高まる	
積極的に参加、良い成果を出した従業員やグループを顕彰する	・顕彰例：「制度を利用して社会貢献した従業員やグループ」「ＷＬＢ導入で成果を出した従業員やグループ」「残業削減、また、業務プロセスを見直して成果を上げたグループ」「良質な内容を提案した従業員」など	

項目	内容	ポイント&留意点	確認
シンボルマークをつくり、掲示物や旗などでアピールする	・シンボルマークは、従業員の参加でデザインを決めるのが効果的		
	・ポスターや掲示物にはシンボルマークを表示する		
	・シンボルマークを活かした、ワッペン、バッジをつくり就業時には常に着用する		
WLBを進めるうえでの悩みについて、相談を受けられる場を設ける	・相談員の育成が最も重要となる。明るく前向きで聴き上手、かつ、責任感、倫理感のある管理者クラスが適任		
	・適当な相談員がいない場合は、各部署の責任者が行う。相談員は、相談者の話をよく聴き、相談者の立場に立ってアドバイスする		
	・必要に応じて関連法務やコミュニケーション手法などの研修を行う		
	・個人情報の取り扱いには特に注意し、事前にルールを決め、関係者間に徹底する		
外部表彰制度や認証制度へ応募する	・受賞や認証は、従業員のモチベーションを上げるだけでなく、社外へのアピールになる		
	・無理のない表彰制度にチャレンジする。プロジェクトなどの全社的な活動にするのが効果的		
	・表彰制度例:「均等・両立推進企業表彰」(厚生労働省)、「WLB大賞」(日本生産性本部)、自治体の表彰制度など		
	・認証・診断例:「次世代育成認定マーク(くるみん)」(厚生労働省)、「WLB企業診断・認証事業」(財団法人21世紀職業財団)、自治体の認証制度など		

7 PDCAサイクルを回し、改善する

項目	内容	ポイント&留意点	確認
成果を測る指標づくり	・目的・目標に対応する成果を測定する指標をつくる	成果の点検:施策の活用頻度、達成率、従業員満足度、離職率など。企業の成長度として生産性、売上、利益率、リクルートコストなど。外部評価の指標では、顧客満足度、表彰など	
点検と見直し	・時期を決めて定期的に点検する ・点検と見直し内容を従業員と共有する	従業員満足度調査(アンケート、ヒアリング)を実施する	
		検討委員会や推進委員会を定期的に開催する	
		他社事例を収集し、比較評価する	
		点検結果や見直し内容は、常に従業員に周知し、共有化する	
PDCAサイクル	・PDCAサイクルを回し、さらなる改善点を探る	PDCA(計画、実行、点検、改善)を繰り返し、中長期的に取り組む	

Ⅳ 最大の課題は「長時間」の働き方を変える

1 残業削減は「意識改革」と「環境整備」から

　2008年12月に労働基準法が改正され、2010年4月からは、1カ月60時間を超える時間外労働に対して、50％以上の割増賃金が義務化されます（従業員300人以下などの中小企業は、当分の間適用が猶予されます）。経営者にとっては即、コスト増となる大問題です。しかし、この労働時間規制は、サービス残業や過重労働による健康障害・過労死の問題、そしてWLBを視野に入れたもので、今後も緩むことはないでしょう。

　ここでは、まず改正労働基準法の概要を理解し、次いで所定外労働時間（残業）の削減について、その考え方と手法を解説します。この残業削減に取り組む手法は、その性格上、WLBを進める施策と多くの部分が共通することとなります。

1 労働基準法の改正

　日本の労働時間は、景気の変動により増減するものの、8時間を超えて働くという「働き方」そのものに目立った変化は見られません。最新の調査でも、週60時間以上働く人の割合が全体の10.0％、特に30歳代の「働き盛り・子育て盛り」世代の男性は、その20.0％が週60時間以上働いています（総務省「労働力調査」 2008年）。この週60時間以上というのは、法定労働時間（1日8時間、週40時間）を20時間超えるもので、月換算にすると80時間以上。過労死警戒ラインとされる1カ月80時間以上に達するものです。日本の長時間労働の実態は、「これが先進国？」と思わせる深刻な状態が続いています。

　しかし、長時間働くことによって会社や経済を成長させていくというやり方は、長時間働くということ自体が逆に成長を阻害する要因になっているという現実がさまざまな形で明らかになりつつあります。すなわち、まず時間当たりの労働生産性の低下とともに高付加価値生産型への移行が困難になっているという点が挙げられます。また、子育てや介護など時間的な制約のある働き手を労働の現場から排除するなど、労働力減少への対応に逆行するような効果を持ってしまっています。

　2008年の労働基準法の改正は、こうした実情に対し、長時間労働をさせるコストを引き上げ、残業時間を抑制しようという狙いを持つものです。そして、すべての労働者が心身の健康を害することなく、仕事と生活が調和した働き方を実現させることを課題としています。

　労働時間法制は、これまで、1987年には法定労働時間の段階的短縮や変形労働時間制の導入、1993年には週40時間労働制の適用、1998年には年次有給休暇の付与日数の増加、そして2003年には裁量労働制の要件を見直すなどの改正を重ねてきました。こうした労働時間法制の改正の延長線上に、「仕事と生活を調和させるのに必要な『恒常的な長時間労働を抑制する』」という観点が加わりました。今回の改正の特徴として、改正点の多くが「労使協定」の締結を要件としています。このことは、「ライフ＝生活」を一方の柱とする「働き方の見直し」に労使が主体的に取り組み、長時間労働の問題を根本から捉えなおすことを求めているといえます。

図表22　労働基準法の改正点のポイント

❶　時間外労働の割増賃金率の引き上げ

　　1か月60時間を超える時間外労働については、法定割増賃金率が現行の25％から50％に引き上げられました（2010年4月1日から）。
　※ただし、中小企業の割増賃金率については、施行から3年経過後に改めて検討することとされており、当分の間、法定割増賃金率の引き上げは猶予されます。

❷　割増賃金の支払いに代えた有給の休暇の仕組みを導入

　　事業場で労使協定を締結すれば、1か月に60時間を超える時間外労働を行った労働者に対して、改正法による引き上げ分（25％から50％に引き上げた差の25％分）の割増賃金の支払いに代えて、有給の休暇を付与することができます。

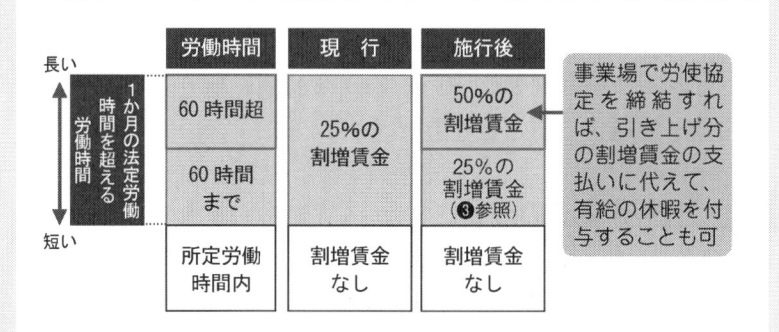

労働時間	現　行	施行後
60時間超（1か月の法定労働時間を超える労働時間）	25％の割増賃金	50％の割増賃金
60時間まで		25％の割増賃金（❸参照）
所定労働時間内	割増賃金なし	割増賃金なし

事業場で労使協定を締結すれば、引き上げ分の割増賃金の支払いに代えて、有給の休暇を付与することも可

❸　割増賃金率の引き上げ、長時間労働の削減などの努力義務が労使に課される

　　限度時間（1か月に45時間など）を超える時間外労働を特別条項付きの時間外労働協定（36協定）で定める場合、限度時間を超える部分の割増賃金率も定め、その率は法定割増賃金率（25％）を超える率とするように努めることになりました（割増賃金率の引き上げの努力義務）。また、限度時間（月45時間など）を超える時間外労働をできる限り短くするように努めることになります（長時間労働削減の努力義務）。

❹　年次有給休暇の時間単位での取得

　　現行では、年次有給休暇は日単位で取得することとされていますが、事業場で労使協定を締結すれば、1年に5日分を限度として時間単位で取得できるようになります。

知っておきたい労働安全衛生法

　労働安全衛生法は、事業者と社員に対し、以下の場合に、医師による面接指導を義務付けています（第66条8）。
　①　時間外労働（週40時間超）が月100時間を超えていること
　②　疲労の蓄積が認められること
　③　本人が申し出ていること
　会社は、医師の意見を聴いて必要があると認められたときは、当該労働者の実情を考慮して、①就業場所を変更する、②作業を転換する、③労働時間を短縮する、④深夜業の回数を減少させるなどの措置を講じなければなりません。なお、月80時間を超える時間外労働等の場合の面接指導は努力義務とされています。

　厚生労働省の「過労死認定基準」では、長時間労働と健康阻害の関係が明示されています。万一、社員が倒れるようなことがあったら、本人も不幸ですし、会社もその責任を問われます。法律では「本人の申し出」が条件になっていますが、会社も労働時間をしっかり把握し、基準を超えた従業員には強制的に医師の面接指導を受けさせるなどの配慮が必要でしょう。

2 残業問題の解決は経営トップの仕事

　正社員の年間総実労働時間が2,000時間台であることは、Ⅱの1（8頁）でも述べたとおりです。残業（この場合、正しくは、所定外労働時間数）は、この総実労働時間と所定内労働時間との差ですが、実はこの残業時間数は、ここ20年間、景気や業務量の変動にかかわらず一般労働者については多少の増減はあるもののほぼ変わっていません（厚生労働省「毎月勤労統計調査」）。残業の本来の役割は、業務量の一時的増加に対する臨時的なものであるはずです。しかし、実際は、残業を前提にした業務量で従業員の仕事を決定しているとみなされても仕方のない実態にあります。

　このように恒常的な残業を前提とした会社のシステムや労働慣行は、管理職層と従業員層の双方に「残業は善」との意識を根づかせています。働けば働くほど売上げが上がった高度成長期が残した残業体質。これを変えることは想像以上に困難なことです。それだけに経営者は、残業問題の解決は、「残業前提のシステムの改革」であり、「経営トップにしかできない仕事」と腹をくくりましょう。

　恒常的な残業はコストアップや健康問題など分かりやすい問題を引き起こします。しかし大問題は、①会社や従業員の仕事の非効率性を見えにくくしてしまうこと、同時に、②従業員の「効率的に仕事をする能力」をスポイルしてしまうことの2つだと認識しましょう。経営層の最初の課題は、①見えにくくなった非効率と取り組むこと、②従業員の能力を高めることの2点にあるといえます。

3 残業がもたらす目に見える損失

　内閣府の調べでは、残業時間を1日30分短くすると、企業規模により異なりますが、水道光熱費や残業代などのコストを、年間1,000万円～3億円程度削減できるとされています（内閣府「企業が仕事と生活の調和に取り組むメリット」2008年）。これは経営者も従業員も知っておきたい数字です。

　下に挙げるのは、恒常的な長時間残業から発生する会社の「見えやすい」損失と主なリスクです。

恒常的残業がもたらす会社の損失とリスク

①**高コスト**：2010年4月からは月60時間を超える残業は5割増（大企業に義務づけ）
②**モチベーションの低下**：体力・気力が低下し、職場のムードが沈滞する
③**生産性の低下**：「できなければ残業すればいい」という意識が緊張感を欠く仕事につながる
④**優秀な従業員が辞める**：私生活を大事にする従業員、女性や時間的な制約のある従業員が辞めていく
⑤**ぶら下がり従業員が増加する**：アリバイづくりに残業する従業員が増える。これにより、会社の風土が悪くなる
⑥**健康上のリスク**：過労による疾病、うつ病、自殺問題が発生する
⑦**内部告発のリスク**：企業の内部告発はネットの定番。一夜にして信用の失墜もあり得る

図表23　残業代コストの計算例～月60時間を超える残業が1週当たり10時間あって、さらに休日勤務が1日ある例

> 残業代35万円（残業しない場合より増加するコスト）は、
> 営業利益率10％の企業でみると売上350万円に匹敵する！

1年＝365日÷7日＝52.142週
1年間の法定労働時間＝52.142週×40時間（1週当たりの法定労働時間）＝2085.68時間
1カ月の法定労働時間＝2085.68÷12（カ月）＝173.8時間
1カ月当たりの平均週＝52.142÷12（カ月）＝4.345週

	通常残業時間単価	休日労働時間単価	60時間超時間単価
割増率	25％	35％	50％

	時間当たり単価	割増率	労働時間(週)	労働時間(月)	給与額	
通常労働	2,000	0％	40	173.8	347,600	
通常残業	2,500	25％	12	52.1	130,350	
休日労働	2,700	35％	8	34.8	93,852	354,552
60時間超の残業	3,000	50％	10	43.5	130,350	
					702,152	

＊1　702,152÷347,600＝2.02倍
＊2　割増賃金の算定基礎となる通常労働の時間単価は、基本給以外にも役職手当などの各種手当を含めて算定することとなります。
＊3　2010年4月から施行される改正労働基準法の1カ月60時間を超える時間外労働についての50％以上の割増賃金率の規定は、当分の間、中小企業（原則：出資の総額・資本金が3億円以下、従業員数300人以下）には適用が猶予されます。

4 「生活残業」をなくす秘訣

　残業削減問題で経営者が忘れてならないのは、ヒトを大事にする視点です。関西大学の森岡孝二教授は、「日本の労働者は、所定内賃金だけでは暮らせないために、めいっぱい残業し、『恒常残業』というべき状態に置かれてきた。一方で使用者側も、雇用調整の代わりに、何ら保障なしで増減できる調整弁として、一定の時間外労働を求めてきた」と指摘します（朝日新聞2009年6月2日「賃下げショック」）。
　「ヒトを大事にする視点」とは、従業員が公私にわたる健康な生活を送り、生産性を高めていく視点のことです。森岡教授の指摘する生活残業に対する企業の課題は、残業手当がなくても生活できる程度の賃金水準にすることでしょう。中小企業でも、その多くが苦しい経営の中でこの努力をしています。もしこうした改善なしに残業削減を呼びかけても、誰も（本気では）耳を貸さないのではないでしょうか。ましてや、生産性の向上などは望めないことになります。

5 トップの仕事は方向づけ（戦略）と環境づくり

　残業が発生する構造を整理すると、図表24のようになります。

Ⅳ 最大の課題は「長時間」の働き方を変える

図表24　残業発生の要因関連図（間接部門・直接部門共通）

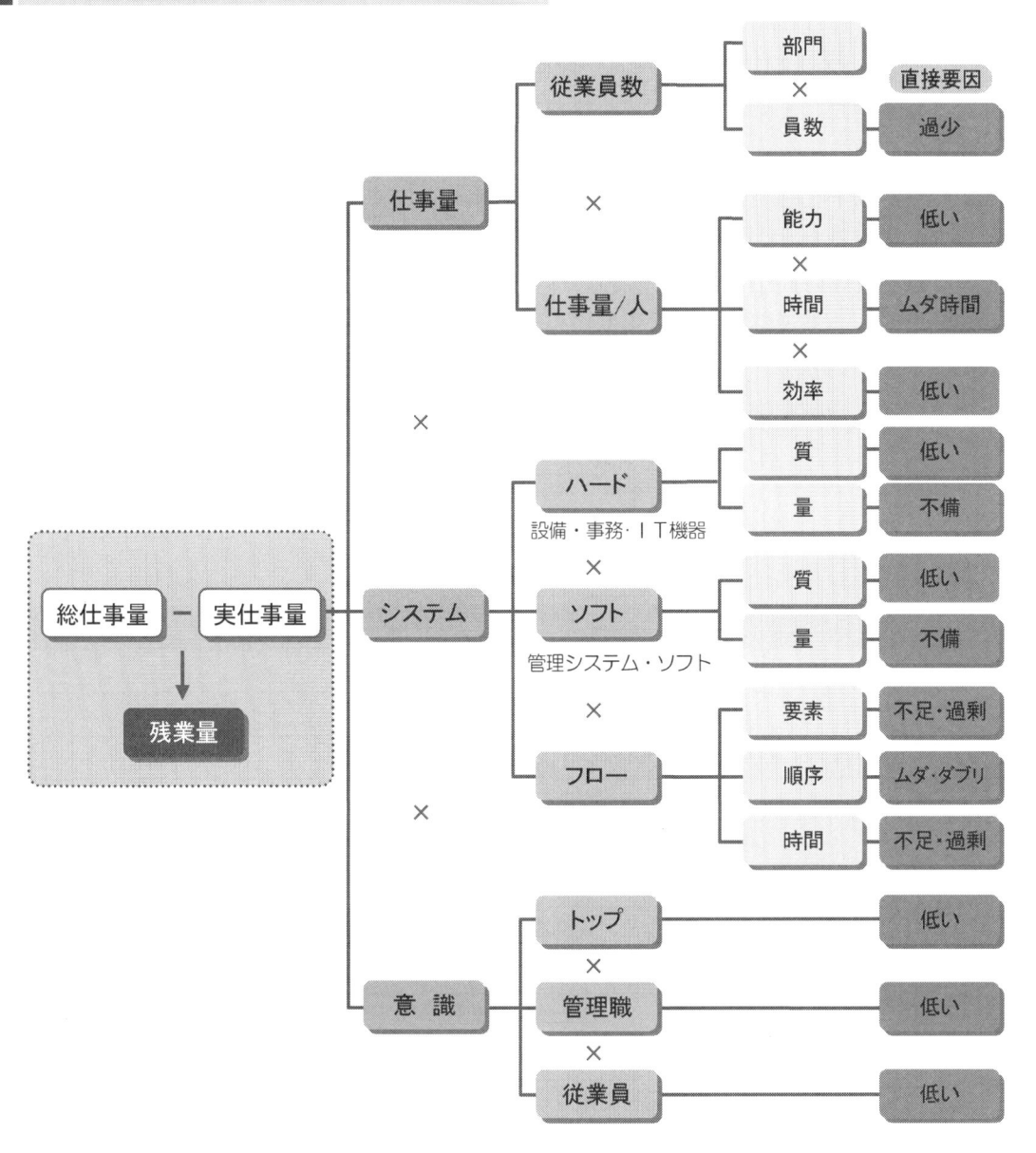

```
                                          ┌─ 部門 ┐
                        ┌─ 従業員数 ──────┤   ×   │── 直接要因
                        │                 └─ 員数 ┘── 過少
                        │
             ┌─ 仕事量 ─┤  ×
             │          │                 ┌─ 能力 ── 低い
             │          │                         ×
             │          └─ 仕事量/人 ─────┤─ 時間 ── ムダ時間
             │                                    ×
             │                            └─ 効率 ── 低い
             │  ×
             │                            ┌─ 質 ── 低い
             │          ┌─ ハード ────────┤  ×
             │          │   設備・事務・ITT機器  └─ 量 ── 不備
             │          │       ×
 ┌─────────┐ │          │                 ┌─ 質 ── 低い
 │総仕事量─実仕事量├─ システム ─┤─ ソフト ─────────┤  ×
 │    ↓    │ │          │   管理システム・ソフト  └─ 量 ── 不備
 │  残業量  │ │          │       ×
 └─────────┘ │          │                 ┌─ 要素 ── 不足・過剰
             │          └─ フロー ─────────┤─ 順序 ── ムダ・ダブリ
             │                            └─ 時間 ── 不足・過剰
             │  ×
             │          ┌─ トップ ── 低い
             │          │   ×
             └─ 意 識 ──┤─ 管理職 ── 低い
                        │   ×
                        └─ 従業員 ── 低い
```

1）　方向づけ：従業員に気づかせ考えさせる

　残業を削減するためには、経営トップ層による次のようなマネジメントサイクル（PDCAサイクル）を活用することが大切です。

図表25　従業員に気づかせ考えさせるマネジメントサイクル

	項　目	内　容	留意点	確認
P	意識づける	残業には問題があると気づかせるため、トップ自らが語り、率先して実行する	管理職層に徹底する	
P	解決策を考えさせる	基幹部分と補助的手法部分で業務フローの改善を考えさせる	環境変化と、自社の経営状況を開示する	
D	解決策を実行させる	導入しやすい策からスタートする	従業員が考えた策を実行させる	
C	進捗を見て課題を発見させる	相互実施・チェック・評価をルーティン化する	従業員自らに実行させる	
A	結果をフィードバックさせる	P→D→C→Aのサイクルにより次の目標を設定する	従業員自らに実行させる成果を評価する	

図表24で示したように、残業を削減するための切り口（係数）は、①「仕事量」、②「システム」、③「意識」の3つです。このうち最も重要な係数は、トップ、管理職、従業員の3層で形成される③の「意識」です。どのような素晴らしいハードや管理システムがあっても、「残業は善」の風土があるかぎり効率化は始まりません。まずは、トップや管理職層の意識改革からスタートしましょう。

2) 環境づくり：効率化を担保するシステムを整える

残業削減で大事なことは、実行に必要な環境や仕組みをつくることです。これまで人力頼みでやってきた日本では、就業時間を短縮する仕組みへの視点は希薄でした。多くの企業では、残業発生の係数である「意識」への無理解や、効率化を担保するハード・ソフト・フローの基本的な仕組みができない分、できていない分を、従業員個々人の技、努力そして残業でカバーしてきたのです。

掛け声だけでは、残業を減らし、なくすことはできません。経営層には、補助的装置を整備する環境づくりが求められます。まずは、次に挙げる6項目のうち、すぐに着手できるところから始めましょう。

図表26　残業削減のための環境づくり

	項目	主な実施内容	確認
1	業務フローを見直す	業務を洗い出す	
		従業員からの改善提案を求める	
		外部コンサルタントを起用する	
2	業務を自動化する	効果的な設備・事務機器を導入する	
		業務フローをルーティン化（定型業務など）する	
3	業務をIT化する	パソコンの支給と活用を支援する	
		グループウェア・携帯電話・管理ソフトなどを支給する	
4	マニュアル化する	仕事を類型化しマニュアル化する	
		テンプレート（様式集）やデータベースを整備する	
5	情報共有を支援する	メーリングリスト、社内ネットなど、IT系の補助的ツールを整備する	
		チーム活動を支援する	
6	スキル習得を支援する	スキルアップ研修（時間管理スキルなど）を実施する	
		マニュアルを配布するなど	

3) 従業員とともに進める

残業削減は、上から強制するのではなく、従業員個々人に主体的に関わってもらうことが重要であり、効果的です。経営サイドでの体制づくりのポイントは次の5つです。これら5つのポイントを従業員との共同体制で進めていきましょう。

図表27　残業削減に向けた経営サイドでの体制づくりの5つのポイント

	項目	確認
1	労働時間数を正確に把握する（サービス残業があるか否かも把握）	
2	業務の内容とやり方を見直す	
3	計画的に取組む	
4	残業禁止ルールを徹底する（残業の原則禁止、残業してもプラス評価しないなど）	
5	職場風土を見直す	

6 初動時のステップ

残業を削減するための初動手順は、①労働時間を正確に把握する、②把握した結果を分析し、改善策を検討する、こととなります。

1) 労働時間数を正確に把握する

残業は、様々な要因が関わって発生します。有効な対策を立てる第一段階は、従業員1人ひとりの労働時間の実態を把握することです。具体的には、次の手順で進めます。

図表28　労働時間の実態把握の具体的手順

	項目	主な実施内容	確認
1	誰がどれだけ残業・休日出勤しているかを調べる	始業・終業時刻は、タイムカードやICカードなど客観的な方法によって把握する ※この方法は、タイムカード打刻前の早出、打刻後の残業がないことを前提とする	
2	サービス残業や風呂敷残業（持ち帰り残業）の有無・程度など実態を調べる	業務日報などで報告を受け、担当業務量を把握しておく	
3	自己申告制度の導入は極力避ける （自己申告制のデメリットは、会社が誤った判断をしかねない、集計に手間を要する、のちに労使間のトラブルの発生懸念がある、など）	自己申告制を採用する場合には、実態調査などによって、適正に申告されているかを点検する	
4	人事考課の評価システムをチェックする （適正に申告されるシステムになっていることが前提）	部・課・係単位で残業予算が管理されている場合は注意を要する	
		「残業を減らす」ことではなく「残業代を減らす」ことが人事考課でプラスに評価されるシステムになっている場合は、特に注意を要する	
5	休日や休暇（振替休日・代休・年次有給休暇、連続休暇等）の取得状況を把握する	従業員の休暇取得カレンダーなどを共有し、予定と実績を把握する	
6	把握した結果を分析する（偏りがあるかないか。どこに偏りがあり、偏りの程度はどの程度か。偏りの原因は何か、を見る）	人（従業員個々人・特定の管理職等）に偏りがないかなど	
		期間（日・週・旬間・月・季節・年・その他の期間等）に偏りがないかなど	
		部署（班・係・課・部・部門・事業所等）に偏りがないかなど	

2) 改善策を検討する

問題の所在を明らかにして、それぞれの問題に対応した改善策を検討します。改善策は、時間的あるいは、費用的に分類などしたうえで、業務の内容と遂行方法を見直します。

次の表は、5つのテーマに絞って長時間労働削減の手法をまとめたものです。

図表29　残業削減の5つのテーマと手法

テーマ	推進方法	項目・留意点	確認
①意識を改革する＝残業を称賛しない組織風土づくり	トップによるリーダーシップ	●現場の声を把握する ●不退転の決意で臨む ●①残業は原則禁止する、②所定時間内の生産性を上げる、③残業時間はプラスには評価しない、違反には罰則を適用する、の姿勢を徹底	
	研修	●対部門長、管理職向けマネジメント研修を徹底する ●社内全体向けの残業削減の意味、価値、手法研修を実施する	
	啓蒙・キャンペーン	●朝礼・会議で伝達する ●文書・標語ポスター・普及冊子等で啓蒙する	
	マインドサポート	●上司によるコーチング ●従業員どうしで勉強する機会、提案する機会などを設ける	
	多様な人材活用	●女性や高齢者などから意見を聴取する	
②業務を改革する＝BPR＝ゼロからの仕事の見直し	業務を見直す	●事業・個人レベルで選択と集中を図る：低位事項の切り捨て（下位2割が目途） ●責任と権限を明確化する	
	仕事のプロセスを見直す	●業務の分散と分業化：基幹業務と補助業務を分化させ、専門分野は外注化も ●業務の計画化：日・週間・月間の業務を計画化する ●会議・報告等の業務付帯事項を効率化する	
	仕事を再設計する	●既成概念をゼロベースから見直す ●標準作業時間を設定する ●効率と効果、生活との共存を重視する	
③組織・制度を改革する＝組織・制度的ミスマッチを是正	組織をフラット化する	●風通しのよいチームをつくる ●情報共有環境・ツールを整備し活用する	
	人員配置を見直す	●部門間の応援体制づくり：仕事と人を柔軟で機動的に再配分する ●多能工化：業務習熟度のチェックに基づき計画的に育成する	
	「ノー残業デー」等を制度化し実施する	●残業の事前届出・許可・報告制度を導入する ●罰則ルール・ペナルティ制度を例外なしで徹底する	
	合理的で柔軟な制度をつくる	●フレックスタイム制、変形労働時間制、ジョブシェアリングなどを導入する	
	処遇、報償制度を見直す	●時間軸での勤務評価を見直す ●評価者教育を実施する	
④時間管理を改革する	自己管理能力を高める	●時間管理スキル習得のための研修、OJTを実施する	
	時間管理フォームを開発する	●朝メール、報告メール、残業削減POP（例：パソコン用「本日ノー残業デー」のPOP）などを活用する	
⑤人材育成、能力開発、多能工化を進める	会社と適切な距離をとれる自律的人材を育成する	●OJT、Off-JTなどを計画的に実施する ●自己啓発：能力開発を自己設計・管理する	
	長期・計画的に実施する	●ジョブローテーション ●キャリアパスの設計支援	

資料出所：「ここが変わった！　改正労働基準法」（社団法人 全国労働基準関係団体連合会 発行）　筆者執筆を再構成

7 成果配分に留意する

業務の改善・効率化によって残業を削減することは、高密度化への改革と言い換えることができます。したがって残業削減の成果は、従業員にしっかり還元するのが原則です。仕事の現場では経営者も従業員も「給料に見合った働き」をすべく頑張って仕事をするものです。残業を削減し、高密度化した働きで成果が上がった場合には、同様に「働きに見合った報酬を」というのが分かりやすい理屈でしょう。業務効率化の「利益は会社だけの利益」であれば、従業員の取組み意欲が高まることは無いといえます。

WLBでは、時間当たりの生産性を上げることで次の事業の可能性を開き、新しい仕事へのチャレンジが充実につながり、高い意欲がさらなる効率化を実現する。報酬も比例して上がる。時間を上手に使う働き方を組織全体が志向するようになる。この好循環こそが目指す姿です。望ましいダイナミズムを生みだすためにも、経営者による成果配分のモラルが大事になります。

1) 成果配分を約束する

経営者は、利益追求の主体として、会社利益に敏感になるべきですが、「従業員利益」も忘れてならないことは言うまでもありません。経営者には、人事制度の改定など「従業員利益」を保証する方途を併せて打ち出すことが大事になります。

会社の残業削減方針に対して、従業員は過去の経緯も含め経営者の姿勢を見ているものです。例えば、バブル崩壊以後の約20年で、正社員の労働時間は長くなりましたが、長くなった時間分の収入増とはならなかったことが知られています。一方、大企業の株主や経営者が好調時の業績の見返りを大きく受けたため、所得格差が拡がりました。

この経緯を労働分配率でみると、1人当たり雇用者報酬／就業者1人当たりGDPで算出した場合、94年が67.0％、2007年が59.5％と低下。また、製造業では、2001年を境に、労働生産性の上昇が続く一方で労働分配率が下がり続けるなど、一時期好転した企業業績も、労働分配率を高めることはありませんでした（財務省「法人企業統計年報」から集計）。この時期の企業業績の向上には、従業員に対する成果主義の導入や非正規化による人件費の圧縮などが貢献したのですが、成果配分については株主偏重であったとして、従業員への分配姿勢に問題を残してきたという経緯があります。

2) 生活ができる給与体系を整備する

残業の削減は、従業員の生活にマイナスの影響を与える恐れがあります。そこで、固定の基本給部分が生活に支障をきたさない内容になっているかどうかなど、給与体系を見直すことが必要となります。

中小企業の現場では、経営が厳しい中でも、従業員を大事にすることが「社員力」を高めるとして、待遇の改善などに踏み切る企業が増えています。これは利益の分配制度の工夫や賞与の前年並み支給、資格取得の支援などで従業員の団結力と士気を高める取組みです。

いかなる時でも、経営者が従業員に向かって「社員の生活は会社が守る」「生活費には困らないようにする」と語る言葉ほど、社員の安心感や勇気を高めるものはないでしょう。経営が苦しいときも「〜の理由で苦しいから残業削減をするけれども、誰も辞めさせないから、みんなで頑張っていこう」「収益を落とさぬよう、皆で知恵を出し合おう」、そんな言葉を持つ経営者が、自発的な定時で仕事を終わらせることや業務改善を引き出すのです。従業員の仕事から生活までを見て、大事にしようとする会社にこそ、従業員は貢献意欲を燃やすのだといえます。

成果配分には、次に挙げるような方法があります。自社の経営数値や従業員構成、業務内容や時間構成などを踏まえ、現状での収支だけでなく、将来の付加価値を生み出す方法を工夫しましょう。

図表30　成果配分の方法例

	方　法	留　意　点	確認
1	基本給の固定部分を底上げする	基本給で生活ができる水準とする	
2	基本給と賞与へ一部を振り替える	合理的な計算根拠を明示する	
3	特別報酬として賞与へ振り替える	合理的な計算根拠を明示する	
4	チームへ褒賞を出す	不公平感を生まないように、褒賞基準を明示する	
5	非正規従業員へのしわ寄せを避ける配分とする	機械的な残業削減は、非正規従業員の増員や長時間化による帳尻合わせが発生しやすい	
6	自己啓発等を資金補助する	不公平感を生まないように、補助基準を明示する	
7	有給休暇を拡充する	時間も「新しい報酬」として成果配分の手段となる	

8　何より大事な従業員とのコミュニケーション

組織の成立と運営の3大条件は、①共通目標、②貢献意欲、③コミュニケーション、の3つといわれます。残業削減においても、この3大条件に対応する次の3点が重要となります。

> ①到達目標となる会社や自分の姿、またその数値目標を全員が理解し、共有する
> ②残業削減の方法とその推進を、従業員1人ひとりがどう進めるかの主体的意欲を持つ
> ③目標達成過程や問題発生時の対応について、常にコミュニケーションできる環境をつくる

3つの中で注目したいのが組織の力を増幅させるコミュニケーションの力です。経営者が従業員の声を聞き、目標と貢献内容を語り合う会社ほど、打ち出す施策の成功率が高いものです。ともに成果を目指そうとの姿勢が従業員の納得感ややる気を高めることにつながります。

9　残業削減に効果的な事例

企業での実際の取り組みをヒアリングした結果、多かった取り組み内容と「特に効果が上がった」とされた項目を紹介します。自社の事情に合わせて活用してください。

図表31　企業事例に見る残業削減の取り組み内容と効果

	取り組み内容	特に有効	確認
労働時間の短縮	●定時退社日（曜日）を決める		
	●定時退社日にアナウンスを入れる		
	●36協定において、限度基準の時間数より少ない時点でチェックポイントを設ける （例：「30時間/月を超える場合は労使協議が必要」などと定める）		
	●フレックスタイム制を導入する		
	●残業する際は理由と見込み時間を事前に申告する		
	●評価者が定時に帰る（ダラダラと残業している人は評価する人が見ていないと帰る）	○	
	●仕事の進め方について個別に面談、指導する	○	
	●業務分担をこまめに見直す	○	

労働時間の短縮	●突発的な業務は業務グループを超えて支援する体制を組む	○	
	●定時になると社長自ら電気を消す	○	
	●決められた時刻に強制的にオフィスから退去させる	○	
	●労働時間が長い場合には評価を下げる	○	
	●ノー残業デーの違反者が出た部門にペナルティー（罰金）を科す	○	
サービス残業の抑止	●入退館システムの入退出時刻と自己申告の時間が合っているか突き合わせる		
	●最終退出記録と自己申告の勤務時間が合っているか突き合わせる		
	●決まった時間になると冷暖房を切る		
	●抜き打ちで夜や休日にチェックに回る（上級管理職がやるほど効果的）	○	
	●社内サーバへのアクセス時間を労働時間とする	○	
	●入退館ゲートを設置してその通過時刻を労働時間とする	○	
持ち帰り残業の禁止	●USB、ポータブルHDDの接続は許可制とする		
	●CD等へのデータコピーは許可制とする		
	●メールへのファイル添付は承認制とする		
年次有給休暇の取得	●年次有給休暇を計画的に付与する（月に１度強制的に取得させるなど）	○	
	●取得実績が悪い人をリストアップして個別に指導する		
	●社内旅行に補助金を出す		
	●工場の休業に合わせて一斉に長期休業する		
	●残日数が多い場合は直接面談して話し合う（その場で休む日を決めてしまう）	○	
環境整備	●管理者研修を実施する	○	
	●一般従業員向け研修を実施する	○	
	●女性従業員を中心とした意見交換会を開催する	○	
	●時間管理マニュアルを配布する		
	●啓蒙リーフレットを配布する		

2 時間管理の考え方と具体的な手法

問題は組織の労働時間に対する認識

「時間」を管理することが組織マネジメントの重要な課題となっています。背景には、ドッグイヤー*といわれる加速化した経済があります。効率的な時間管理が競争力に欠かせない時代なのです。ＷＬＢの面でも、ワークとライフの間で時間を分け合うための「時間管理」が大事になります。

ここでは、特に生産性が低いと指摘されているホワイトカラーの業務を中心に、組織における時間の管理手法と、経営者・管理職の管理指導のポイントを解説します。

＊ドッグイヤー：犬の１年は人間の７年分に相当することに例えて変化の速度が早いことをいう。

1) ホワイトカラーにも役立つ「見える化」による工程の管理

所要時間や内容が定まっていない仕事が多いホワイトカラーには、製造現場なみの生産管理は難し

いといわれます。しかし、業務を処理するプロセスを細かく分けて「見える化」する生産管理の手法には、ホワイトカラーの生産性を向上させるヒントが詰まっています。すぐ活用できそうな手法には次のようなものがあります。

図表32　「見える化」による工程管理の手法

	項目	内容	確認
1	工程管理＝タスクとリソースの管理	●「タスク」は、やるべき仕事のこと。「リソース（資源）」は、自分が使える時間資源のこと ●タスクとリソースにより、工程を組み上げるのが生産管理の第一歩 ●リソースに比べてタスクが多すぎる場合は、人に頼む（＝製造現場の場合には、別工程に頼むか製造ラインを増やす）、あるいは仕事自体の内容・量を再検討する	
2	「いつまで」よりも「いつから」始めるか	●今何をするか、「いつから」始めるかが工程管理の基本	
3	納期から逆算して「いつから」どのような工程で進めるか	●納期から逆算して詰める＝計画的に工程を管理する ●納期間際にオーバーワークになっても、計画性がなければ、どこで、なぜ遅れたかが分からず改善のしようがない	
4	「見える化」＝「To Doリスト」＋実行日＋実行時間	●To Doリスト（やることリスト）を並べるだけではなく、「いつ、何時間やるか」までを見える化する ●途中で案件が追加される場合は、段取りを組み直す＝工程計画を書き変える ●工程計画で進度、手待ち、仕掛りが「見える化」されていれば、段取りは即座に変更できる	
5	タスクとアポイントメントの書き込みは1か所で管理	●タスクは一元化して管理する。手帳やパソコンなどへと分散して書き込むとミスを生み、非効率 ●タスクは発生したその場で書き込む、変更もその場で書きこむ ●完了したタスクは横線などで消し、完了と未完了を「見える化」する	
6	「見える化」でチームワークが進む	●タスクを見える化すると、チームのメンバーに応援を依頼する場合も「ここからここまで（時間と量）」と明示できる ●見える化ができていないと、入れてはいけないアポイントメントを入れるなどのダブルブッキングを起こしやすい	
7	ガントチャートでムリ・ムダ・ムラ省き	●ガントチャート（▶32頁（※8）参照）は、業務進行を視覚化しコントロールするツールで、工程のムリ・ムダ・ムラを省くのに有効 ●一般的に横に時間軸、縦に業務項目を配置し、項目ごとに実行予定を線で示す。時間の長短が視覚化されるため、業務を平準化しやすい ●時間のかかる重量級のタスクも、細かくパーツに分けて組み込むことで、残業の発生を予防できる	
8	ルーティンな「空いた時間」を持つ	●当日になって発生する細かな雑用や日常のルーティンワークは、少ない職場でも1日1時間程度、多い職場では1日3時間程度あるといわれる。このために「空いた時間」を確保しておく	

9	チームで時間管理を共有する	●チームとしての工程を管理する大前提は、個々それぞれが仕事の時間を管理できていること ●プロジェクトの場合には、個々人が仕事の期限に遅れないこと、遅れる場合は早い段階で対応することを徹底する ●チーム全員がメンバーの業務計画に通じておく。業務計画・業務内容の情報を共有化することが大事になる。	
	チームの時間を管理する	●「リードタイム」（所要時間）を意識する ●業務計画・業務内容の情報を共有化する ●メンバー間の仕事の負荷のバランスを意識する	

2）「リードタイム」を管理する

「短納期」、「正確な納期」は競争の重要な要因であり、リーダーの時間管理術が欠かせません。

メンバーがそれぞれ自分のタスクをしっかり管理していれば、工程を精緻に管理できて、「リードタイム」を短くするためのメンバー間の負荷バランスもとりやすくなります。

このマネジメントで大事なのが、タスクの処理速度や処理方法について相談できるコミュニケーション環境があることです。メンバーの時間管理意識も、日頃からのコミュニケーションやリーダーの指導によって変わるものです。

3）「ロスタイム」を削減する

時間を管理する上で、リードタイムとともに大事なのが、ロスタイムに対する意識を共有することです。例えば、1人が会議に遅刻して開始が15分遅れるとします。参加者10人であればロスタイムは150分、これが6回重なると900分＝15時間です。これは、あるスポーツタイプ車1台の生産時間に匹敵します。

また、内容の伴わない1時間の会議で15人が拘束されると、1時間のロスタイムは、1人当たり1日の仕事時間の12〜3％のロスに相当します。つまり生産効率が12％低下するわけです。ホワイトカラーの業務ではこうした「ロスタイムによる損失」が多いのです。

Column　サービス残業は恐ろしい

これまで「ＷＬＢは残業代等のコスト減につながる」ということを述べてきました。ここで、「すべてサービス残業扱いすればよいのでは？」と恐ろしいことを考えた方はいませんか？

サービス残業は、賃金不払残業（所定労働時間外に所定の賃金又は割増賃金を支払うことなく働かせる）のことで、いうまでもなく労働基準法違反です。長時間労働や過重労働の温床になるため、労使で取り組むべき指針が示されています（「賃金不払残業の解消のために講ずべき措置等に関する指針」厚生労働省労働基準局　2003年）。

しかし、「サービス残業はバレなければいいだろう」と思っている方はいませんか？　仮に従業員がこれを労働基準監督署に告発したらどうなるでしょう？　まず、不払いの残業手当は2年間さかのぼって支払うことになります。その間の残業手当を計算するために全従業員のタイムカードと賃金台帳をひっくり返すことになります。必ずや総務・人事の担当者に新たな残業が発生することでしょう。そしてその結果、従業員1人当たり数10万〜数100万円の未払い残業額を前に途方に暮れるケースも少なくありません。また、今はインターネットで簡単に情報が入手できる時代。従業員の側も労働関係法規をよく知っています。法令遵守は経営者としての最低限の責務です。内部告発の犯人探しなどという非生産的なことになったら最後、労使関係はガタガタに崩れ、組織としての体をなさなくなります。今からでも遅くはありません。管理者は労働時間をしっかり把握し、労働時間の管理システムを整え、責任体制を明確化するといったチェックができる体制づくりに取り組みましょう。

Ⅴ 業務の内容と処理方法を見直す―業務改善―

1 すべての業務を見直す

　業務改善とは、「現在の業務の問題点や制度の不具合を発見し、それを解決することにより、業務を効率的・効果的に処理することと同時に、働きやすい環境を整備すること」です。具体的には、「経験豊富な女性が妊娠・出産を契機に退職する」→「女性が働きやすい職場環境にする」、「月末には深夜まで残業がある 」→「残業を減らしてゆとりある働き方ができるようにする」などの一連のプロセスをいいます。
　業務改善は図表33のステップで実施します。
　業務改善は基本的には従業員全員が参画して実施するものです。急激な改善は従業員のモチベーションを低下させ、組織力の乱れを生む恐れがあるため、最終ゴールを明確にして、一歩ずつ階段を登っていくような全員で参画できる改善計画が必要です。

図表33　業務改善のステップ

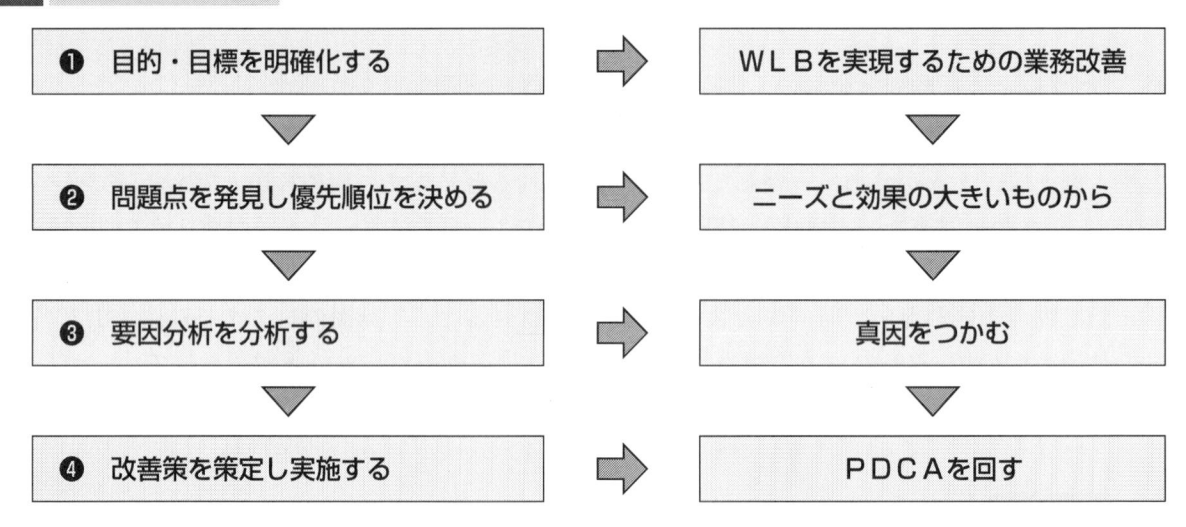

❶ 目的・目標を明確化する	⇒	ＷＬＢを実現するための業務改善
❷ 問題点を発見し優先順位を決める	⇒	ニーズと効果の大きいものから
❸ 要因分析を分析する	⇒	真因をつかむ
❹ 改善策を策定し実施する	⇒	ＰＤＣＡを回す

1 目的・目標を明確にする

　通常の業務改善の目的は、「ムリ」、「ムダ」、「ムラ」を省いて、コストの削減と生産性を向上させることで利益改善を図るところにあります。ＷＬＢの推進を目的とした業務改善の場合は、これらの目的に加えて、人生のライフステージごとの「ゆとり」と「働きやすい環境整備」といった視点が必要です。そのために、無駄な仕事を省き労働時間を削減することが大事な目標となります。

2 問題点を発見し優先順位を決める

　問題点とは、「あるべき姿」と「現実」のギャップです。まず、現状分析で困っていることをリストアップし、さらにそれを分解していくと問題点が明確になります。
　業務の中には、「あるべき姿」が定量的に把握できない発注業務、企画業務などがあります。こうした問題点が見えにくい業務では、全ての業務を体系的に書き出して、その中から「時間がかかる」、「仕事が多すぎる」など困っている（見直すべき）業務をリストアップするとよいでしょう。ここでのポイントは、現在「困ってはいないが改善の余地がある」ものも挙げてみることです。例えば、「本当に会社に来なければできない仕事なのか」→「在宅勤務ではできないか」、「昼間いない営業部員に事務室や

事務机が必要なのか」→「会議室とパソコンだけでもよいのでは」というように、従来の常識に囚われずに考えてみましょう。

通常、問題点を列挙すると膨大な数となり、全部を一度に改善しようとするのは大変です。そこで、次の4つの視点から優先順位を決定します。

緊急度 ▶ 重大なクレームなど
重要度 ▶ 従業員のニーズが高く大きな効果が期待できるものなど
難易度 ▶ 新たな投資が必要となるものなど
拡大度 ▶ 現在はさほどでなくても、将来大きな問題点となり得ると考えられるものなど

●POINT ─── 業務の内容と処理の仕方を見直す
時間短縮や人員の適正配置と生産性向上を同時にかなえられる業務の内容と処理の仕方を見直すポイントは…
●誰がどのような業務・作業を、どの程度（時間等）しているかをすべて書き出して、次のような視点で見直す。
① 止める（省く）ことができる作業等はないか
② 2人でしていたことを、1人でできないか（より少人数でできないか）
③ 多能工化・多職能化できないか
④ 標準化・機械化・自動化できないか
⑤ 外注できないか　など

3 要因を明らかにする

1) 因果関係を分析する

すべての問題点には必ず影響を与えている要因があります。したがって、その問題点の性格を見極め、また、解決策を見い出すためには、その要因を明らかにすることが必要です。要因は、予想される大きいものから順に分解していくと整理がしやすくなります。問題点と要因の因果関係は複雑に入り組んでいる場合があり、また、複数の要因がある場合もあります。このため、大きな用紙に問題点と要因の関連を書き出すと分かりやすくなります。

図表34　問題点と要因の因果関係図

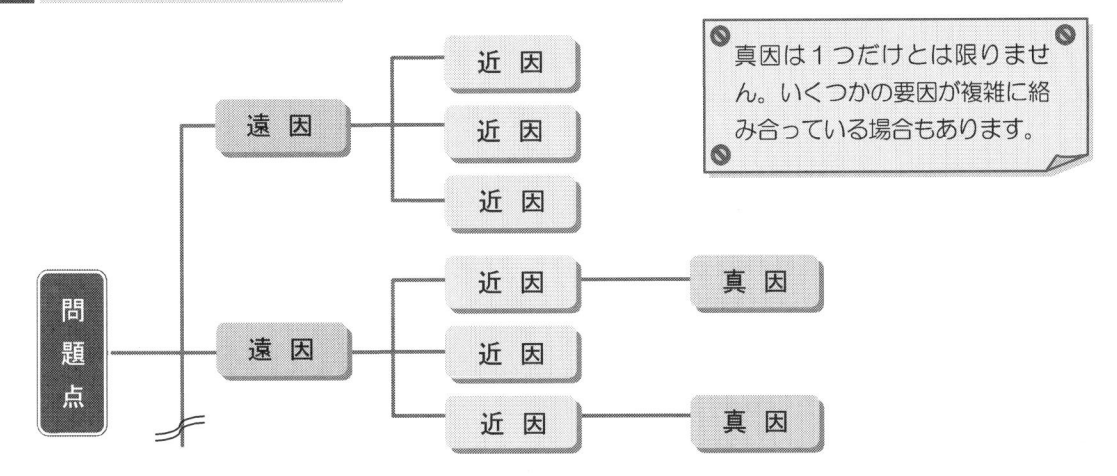

```
                    ┌─ 近因
          ┌─ 遠因 ──┼─ 近因
          │         └─ 近因
問題点 ───┤
          │         ┌─ 近因 ── 真因
          └─ 遠因 ──┼─ 近因
                    └─ 近因 ── 真因
```

真因は1つだけとは限りません。いくつかの要因が複雑に絡み合っている場合もあります。

2) プロセス分析

問題点の要因を定量的に把握しにくい業務の場合の分析方法としては「プロセス分析」が有効です。この分析手法では業務手順をフローチャート形式で記入します。フローチャート化することで不

図表35　例：1日の業務のフローチャート

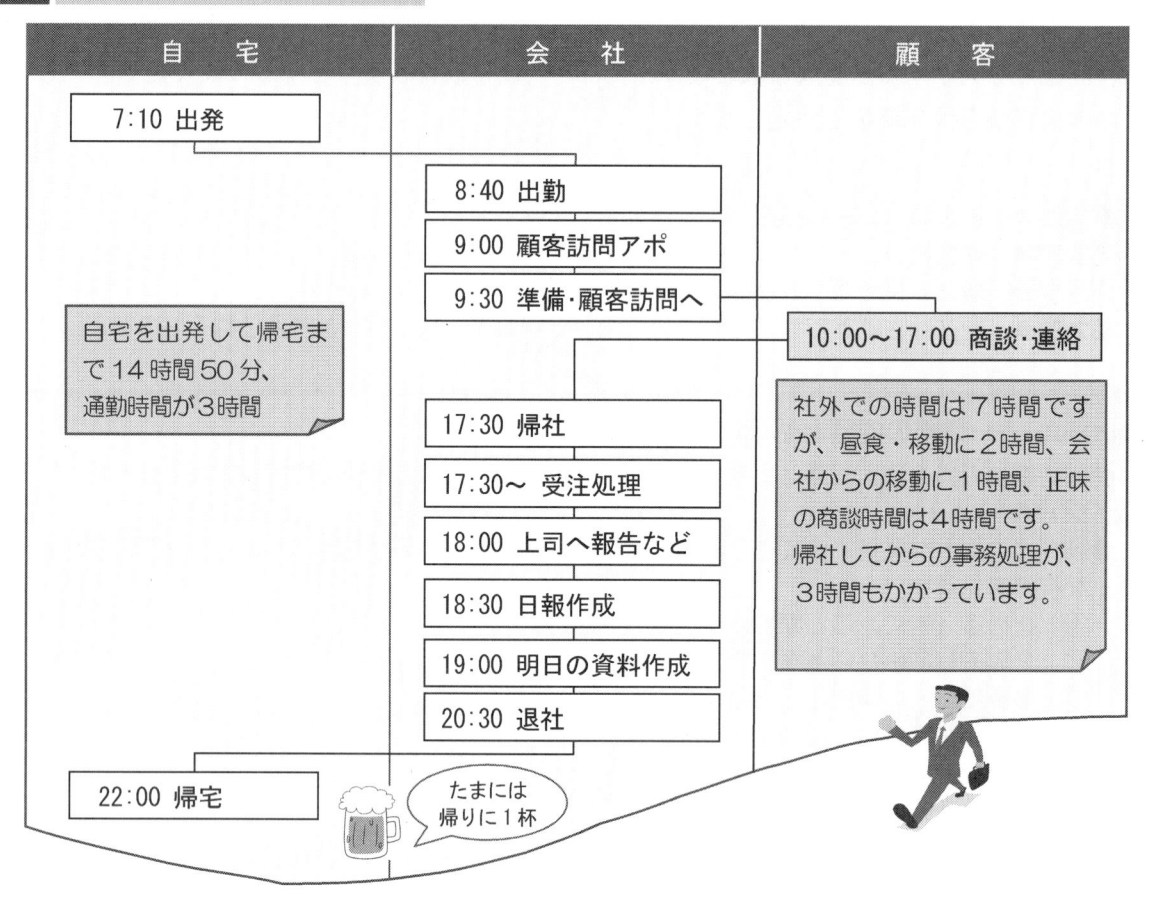

自　宅	会　社	顧　客

- 7:10 出発
- 8:40 出勤
- 9:00 顧客訪問アポ
- 9:30 準備・顧客訪問へ
- 10:00〜17:00 商談・連絡
- 17:30 帰社
- 17:30〜 受注処理
- 18:00 上司へ報告など
- 18:30 日報作成
- 19:00 明日の資料作成
- 20:30 退社
- 22:00 帰宅

自宅を出発して帰宅まで14時間50分、通勤時間が3時間

社外での時間は7時間ですが、昼食・移動に2時間、会社からの移動に1時間、正味の商談時間は4時間です。帰社してからの事務処理が、3時間もかかっています。

たまには帰りに1杯

必要な手順や行動が明らかとなり、これらを省略することで仕事量、残業時間、コストを削減することににつながります。

　上記のフローチャートは、一般的な卸売業の営業パーソンの行動です。帰宅が毎日22時では、過労の原因となります。そこで、このパターンを当たり前と思わないで、改善に取り組んでみましょう。
　例えば、営業パーソンが毎日会社に出社する必要があるかという点に疑問を持てば、①「直行・直帰」を原則とする、②「出社は1週間に2回」の「みなし労働時間制」と「在宅勤務制度」とを併用する、などの改善案があり得ます。なお、これらの改善案を実行する場合には、人事制度の整備や営業パーソンにモバイルパソコンを貸与するといったインフラの整備・改善が必要となることはいうまでもありません。

4　改善策を策定し実施する

　業務改善の到達目標を設定します。到達目標は、残業時間のように数値化できるものは数値で設定します。数値化しにくい、できない目標の場合はできるだけ「代用特性」を設定します。例えば、「ゆとり」を目標とした場合は、代用特性として「年次有給休暇（有休）取得率年80％以上」などを設定します。

1)　SWOT分析（「強み」と「弱み」）

　目標達成のための業務改善策を策定します。ここでは、企業の内外の環境を分析するSWOT分析手法[注3]が有効です。企業をめぐる外部環境は大きく変化しています。その代表的なものは、労働力

[注3] SWOT
　Strengths－強み、Weaknesses－弱み、Opportunities－機会、Threats－脅威の頭文字をとったもの。組織を取り巻く内・外環境の現状分析に用いる手法。

V 業務の内容と処理方法を見直す―業務改善―

図表36　SWOT分析

内部環境（経営資源）	外部環境	機会 ①従業員の意識の変化 ②女性の勤労意欲の高揚 ③高齢者の勤労意欲の高揚	脅威 ①次世代育成支援対策推進法の改正 ②労働基準法の改正 ③労働人口の減少
強み	①ベテラン従業員が多い ②優秀な女性が多い ③他社にない技術	①残業を削減 ②有休取得率向上 ③成果的賃金 **積極的改善策**	①WLB推進委員会の設置 ②管理者の研修
弱み	①高齢者が多い ②女性が出産時に退職 ③技術を伝承できない	①高齢者支援策 ②介護支援策 ③育児支援策	①個人面談によるニーズ把握 ②WLBを全社運動として推進 **防衛的改善策**

人口の減少です。また、内部環境である従業員の仕事に対する意識は、高度成長時代の「猛烈」から「仕事も生活も充実」へと変化しています。こうした変化に合わせて、自社の経営資源の「強み」を活かし、「弱み」をカバーした改善策を作成します。

2）業務改善策の策定

将来大きな変化が予測されるような問題点（課題）は重点管理項目とし、すぐ改善できる定型業務などは標準化した上で一般管理項目とします。業務を改善するポイントは次の２点です。

> ①「やめる」、「統合する」、「置き換える」、「簡素化」する、の勇気ある決断を下す
> ②「選択した重要課題」に「限られた経営資源を集中」して改善する

図表37は業務改善実施計画書の一例です。これを参考に自社の実情に合わせて作成してください。

図表37　業務改善実施計画書

狙い	実施項目	目標	施策・手段	推進者	期限	評価	確認
残業の削減	営業部員の行動改革	実施状況	直行・直帰制				
			Mobile PCの貸与				
			トライアル実施				
	月末残業の低減	残業時間	締切日の変更				
			残業申告制				
	ノー残業デーの設定	実施回数	毎週１回				
有休取得率の向上	特別有休の設定	取得率	会社が設定				
			個人が設定				
	半日・短時間有休	取得率	休出の振替取得				
	有休とれとれ運動	総取得率	高取得率者の表彰				

表中最左欄の狙いとは、問題点の要因を除去する施策のことです。実施項目は「問題点の改善策」、目標は「実施項目の評価水準」、施策・手段は「実施項目の展開の施策」、推進者は「管理責任者」、期限は「いつまでに行うか」、評価は「結果の評価」、となっています。

2 人事制度を見直す

1 ワーク・ライフ・バランス施策に即して労使協定を見直す

ＷＬＢを制度として推進する場合は、人事・労務の各種規定を改正する必要があります。そのために、経営者・管理者、一般従業員、労働組合の代表も参加した、労使協働のプロジェクトとして推進することが望まれます。

2 ワーク・ライフ・バランスに関係する人事制度を見直す

ＷＬＢに関係する人事制度はたくさんありますが、これを生活に関連する項目で整理した場合、次のようになります。

図表38　ＷＬＢを支援する各種の制度・施策

Work＼Life	休業制度	休暇制度	働く時間の見直し	働く場所の見直し	支援など
育児	●育児休業 ●特に男性の休業促進	●育児休暇 ●子供の看護休暇 ●子供の学校参観休暇 ●特に男性の休暇取得促進	●短時間勤務 ●変形労働時間制 ●所定外労働の制限 ●ワークシェアリング	●在宅勤務 ●サテライトオフィス	●事業所内保育施設 ●育児費用の補助・貸付 ●休業中の経済的支援 ●復職支援 ●転勤への配慮 ●周辺の者への配慮 ●代替要員の確保 ●相談窓口の設置
介護	●介護休業	●介護休暇 ●看護休暇	●短時間勤務 ●変形労働時間制 ●所定外労働の制限	●在宅勤務 ●サテライトオフィス	●休業中の経済的支援 ●復職支援 ●転勤への配慮 ●周辺の者への配慮 ●代替要員の確保 ●相談窓口の設置
キャリア	●通学休業	●自己啓発休暇	●所定外労働の制限 ●フレックスタイム制		●キャリア開発研究 ●キャリアカウンセリング ●キャリア開発への優遇 ●相談窓口の設置
異動				●勤務地限定	●自己申告制 ●配偶者転勤への配慮 ●周辺の者への配慮 ●相談窓口の設置
社会活動	●社会貢献休業	●社会貢献休暇			●相談窓口の設置
健康		●リフレッシュ休暇 ●有休取得促進 ●時間・半日有休	●短時間勤務 ●ノー残業デー ●所定外労働の制限	●在宅勤務 ●裁量労働 ●サテライトオフィス	●メンタルヘルス研修 ●有休高取得者の表彰 ●多残業者の健康配慮 ●相談窓口の設置

高齢者			●短時間勤務 ●ワークシェアリング ●所定外労働の制限	●在宅勤務 ●裁量労働 ●サテライトオフィス	●定年後のプラン研修 ●再雇用 ●相談窓口の設置

3 短時間勤務制度を導入する場合に注意すべき点

短時間勤務制度を導入する場合、勤務時間と勤務日数によっては雇用保険、健康保険・厚生年金保険が適用されなくなる場合があります。次に挙げる雇用保険と健康保険・厚生年金保険の適用の条件や注意点を押えておきましょう。適用されなくなる場合には、本人に充分に説明するとともに、適用されなくなった場合の届出などに注意しましょう。

図表39　雇用保険の適用条件と注意点

雇用保険	適用の条件		注意点
	短時間就労者は１週間の所定労働時間が20時間以上で６か月※以上の雇用の見込みがある場合。	○	介護・育児のための短時間勤務制度を活用した場合でも１週間の所定労働時間が20時間以上であれば、適用されます。
	１週間の所定労働時間が20時間未満の場合	×	適用外となります。注意してください。

＊31日以上に短縮する雇用保険法改正案が、第174回国会（通常国会）に提出されています。

図表40　健康保険・厚生年金保険の適用条件と留意点

	適用の条件
勤務時間	１日の所定労働時間が、一般従業員のおおむね４分の３以上（一般従業員の所定労働時間が８時間とすると、６時間以上の場合）であれば適用されます。日によって勤務時間が違う場合は、１週間をならし、所定労働時間が一般従業員のおおよそ４分の３以上であれば適用されます。
勤務日数	１か月の勤務日数が、一般従業員の所定労働日数のおおむね４分の３以上であれば適用されます。一般従業員の１か月の所定労働日数は、必ずしも実働日数を指していませんが、その事業所で同じような仕事をしている一般従業員のおおよそ４分の３以上の日数を勤務していれば適用されます。
注意点	育児・介護のための短時間勤務制度を活用した結果、所定労働時間が一般従業員の４分の３未満となった場合には厚生年金保険の被保険者ではなく、国民年金の被保険者に変わります。この場合、年収によって国民年金の被保険者種別が下記のように変わります。

年収が130万円以上	年収が130万円未満
国民年金の第１号被保険者（国民健康保険の被保険者）となります。	国民年金の第３号被保険者（健康保険の被扶養者）となります。ただし、配偶者の職業によって異なります。

4 新たな人事制度を導入する場合に留意すべき点

新たな人事制度を導入する場合、新旧の制度の間で不合理が生じ、従業員のモチベーションが低下することがあります。このようなことがないように、一定の周知期間をおいた後に適用するといった配慮が必要であることは言うまでもありません。

制度を導入する趣旨・目的、制度の内容、導入後の姿などについて説明・協議を尽くした上で、特に、育児・介護などでの短時間勤務制度を導入した場合、１人が短時間で退社する者の仕事の負荷が他の全員にかかるため人間関係やチームワークの崩壊につながることがあり得ます。このようなことが起きないように、代替要員を確保するとともに、日頃から多能工化を進めておくことはもちろん、「お互いさま」という相互扶助の企業文化を形成しておくことが特に重要になります。この点は、管理者のマネジメント能力が問われるところでもあります。

1) 人事評価

働き方が多様になれば、従業員の役割への期待も多様になり、評価基準も多様になるべきものです。そのため、従来のような画一的なマネジメント手法ではなく、管理者の部下への仕事の割り振りや目標の設定なども複雑になります。適正な人事評価は、従業員のモチベーションを引き出そうとする場合の必須条件となります。

これからの人事評価は、下記の点に留意してください。

> ① 評価は、評価対象期間中の期待された役割に対する充足度を、業績だけでなく、それに至るプロセスや思考・行動特性も含めて行う。対象期間以前のことは評価の対象としない。
> ② 勤務制度が異なるというだけで、他の従業員と差別的に評価しない。
> ③ 基本的には、「絶対評価」とする。
> ④ 評価者が陥りやすい心理傾向を排除する（ハロー効果、寛大化傾向、中心化、論理誤差など）。
> ⑤ 評価者訓練を定期的に実施する。

5 就業規則を見直す

就業規則は、事業主と従業員の間で、労働時間や賃金などの労働条件や職場で守るべき服務規律などについて文書にして定めたものです。常時10人以上（パートタイマー・アルバイトも含む）の労働者を使用する事業場では、就業規則を作成し、労働者の代表の意見を聴き、その意見書を添付して、所轄の労働基準監督署に届け出ることが義務づけられています（労働基準法第89条、90条）。

ＷＬＢを制度として推進するためには、育児・介護のための短時間勤務制度や在宅勤務制度、健康維持のためのリフレッシュ休暇などの新たな制度を導入することとなります。そこで、これらの制度は就業規則に記載しなければなりません。ＷＬＢに関連した制度を導入・運用する場合には、国から各種の手厚い助成制度があります。こうした助成を受ける場合は、これらの制度の導入・運用について定めている就業規則を労働基準監督署に届け出ることが条件となっています。しっかり整備しておきましょう。

就業規則の内容として定めるべきとして列挙された事項は次のとおりです（労働基準法第89条）。

図表41 就業規則の記載事項

記載事項	内容
絶対的必要記載事項	就業規則には、次の事項を必ず定めなければならないとされています。 ❶ 始業及び終業の時刻、休憩時間、休日、休暇、就業時転換に関する事項 ❷ 賃金の決定、計算及び支払いの方法、賃金の締切り及び支払いの時期並びに昇給に関する事項 ❸ 退職に関する事項（解雇の事由を含む）
相対的必要記載事項	次の事項を制度としておく場合は、就業規則に必ず定めなければならないとされています。 ❶ 退職手当について、適用される労働者の範囲、決定、計算及び支払いの方法並びに支払いの時期に関する事項 ❷ 臨時の賃金等及び最低賃金額に関する事項 ❸ 食費、作業用品その他の労働者の負担に関する事項 ❹ 安全及び衛生に関する事項 ❺ 職業訓練に関する事項 ❻ 災害補償及び業務外の傷病扶助に関する事項 ❼ 表彰・制裁の定めについてその種類・程度に関する事項
任意記載事項	上記以外の事項（例えば、社是など）についても、その内容が法令または労働協約に反しないものであれば任意に記載することができます。

6 失敗しない人事制度作成のポイント

1) 人事制度は企業戦略上の最重要要素
　ＷＬＢは企業戦略です。人事制度は、企業戦略を実現するための施策であり、人材を育てるための制度ですから、企業戦略上の最重要要素として位置づけましょう。

2) 人事制度の目的は業績の向上
　人事制度は、従業員が働きやすい環境を整備するものです。したがって従業員のニーズの高いものから順次整備しましょう。ニーズに合った施策こそが、従業員による業績の向上をもたらします。

3) 人事制度は従業員に利用されなければ意味がない
　いくら素晴らしい人事制度が完備していても、従業員に利用されなければ意味がありません。制度の利用率が低い場合は、①制度が周知されていないか、②制度が従業員のニーズにマッチしていないか、③必要なときに利用できる社内風土が熟成されていないかの理由が考えられます。要因を分析して利用しやすい制度に改善しましょう。

4) 自社に合った人事制度を考える
　企業には個性があり企業文化があります。人事制度も他社の例を取って付けるのではなく、自社の個性に合った、血の通った人事制度を編み出しましょう。

5) 「能力・技術」、「期待・役割」を明確にする
　自社の求める「能力・技術」、各職位における「期待・役割」を明確にします。

6) 評価基準を明確にする
　職位ごとの期待役割が明確にされれば、当然、評価も必要です。職位ごとの評価基準と評価方法を明確にしましょう。「目標による管理」、「自己評価制度」の導入も有効な手法となります。

7) 人事制度は全従業員に周知する
　人事制度は従業員全員に周知する必要があります。分かりやすいパンフレットなどを作成して各職場に配置したり、全員に配布したりする方法がお勧めです。

8) 労働関係法規などが改正されたときは速やかに制度を変更する
　残業時間の割増賃金率の変更、年次有給休暇の取得単位の変更など労働関係法規が改正された場合には、速やかに人事制度も変更していきましょう。平成22年４月から改正労働基準法が施行されます。人事制度を改正する必要があるか否か検証しておきましょう。

●POINT ── 育児・介護休業制度利用者へのロス対策

　休業制度利用者は、所得ロス、キャリアロス、業務知識ロスの３つのロスに直面します（「少子化克服への最終処方箋」島田晴雄・渥美由喜共著 ダイヤモンド社刊　2007年）。所得ロスは、例えば休業中のノーワーク・ノーペイによるロス。業務知識ロスは、休業中の業務知識を失うロス。キャリアロスは、人事評価のマイナスによるロスです。

　問題は、人事評価のマイナスによるキャリアロスで、マイナスの重複（二重）となり、ペナルティとしての性格を帯びる点です（内閣府「少子化社会対策に関する先進的取組事例研究報告書」2006年）。休業することでキャリアもマイナス評価を受けることは、精神的にも実質的にも大きな負担になります。ロス対策となるような支援が重要となります。

3 業務改善効果を評価する

業務改善計画を策定し、これを実行に移した場合、その施策が効果を上げているかどうかを定期的に評価することが重要となります。もし効果が見られなかった場合は、途中であっても施策を変更します。管理者には、柔軟で勇気ある意思決定が求められます。以下に挙げる、改善効果の評価基準を押えておきましょう。

1 評価する指標

1) 生産性指標

生産性の指標は効率を測る指標です。生産性＝（仕事のアウトプット）÷（投下時間）で算出します。「仕事のアウトプット」は「仕事の量と質」で表します。量は処理件数や売上高などで把握できますが、質は定量的に把握しにくいものです。そこで、ミスやムリ・ムダ・ムラなどは数値的に置き換える必要があります。

投下時間は総労働時間であり、残業（所定外労働）時間も重要な指標です。

生産性向上は、次の3つのステップで推進しましょう。

> **STEP ❶** 「仕事のアウトプット」を変えずに、「投下時間」を削減する
> **STEP ❷** 「投下時間」を変えずに、「仕事のアウトプットの量を増加させる」
> **STEP ❸** 「投下時間」を変えずに、「仕事のアウトプットの質も向上させる」

2) 健康指標

健康指標は、生産性指標と異なって定量的に把握できるものではありません。バランスのよい働き方をして休養が十分に取れ、疲労の蓄積等がなく、心身ともに健康で過ごせているかというのが健康指標です。代表的な指標とその代用特性として次の2つがあります。

> **■仕事を通じて心身の健康を害することはないか**
> 　仕事が過重な負担となることで、精神的に悪影響を与えて健康障害が起きるなど、心身の健康を害する状況はないか。この指標では、残業（所定外労働）時間の推移と現況が代用特性となります。
>
> **■休養のための時間はあるか**
> 　健康を維持するための基本的な前提条件として、個人がゆったりと休養して仕事等による疲労を回復する時間が確保できているか。この指標では、有給休暇取得率の推移と現況が代用特性となります。

3) 職場風土

職場風土も定量的に把握することが困難な指標です。いくら残業時間が減少し有休取得率が向上したからといって、必ずしもＷＬＢが進んだとは限りません。サービス残業や持ち帰り残業（風呂敷残業、ｅメール残業という呼び方もある）、有休を取得しても自宅で仕事をしているようではモチベーションが低下し生産性も下がるでしょう。また、ＷＬＢを推進する制度が完備していても、その制度を必要なときに取得できる社内の雰囲気や風土がなければ、ＷＬＢが定着しているとはいえないでしょう。

経営者が率先垂範し、管理者とともに各種制度を有効に活かせる社内風土づくりに取り組むことが求められます。職場風土の評価も定量的な把握は困難であり、定性的なアンケート調査、個人面談などから総合的に判断することとなります。

V 業務の内容と処理方法を見直す ―業務改善―

2 アンケート調査で把握する

業務改善の効果を評価するには、残業時間や有休取得率、各種制度の利用率のように定量的に把握できるものもあります。しかし、ＷＬＢが真に定着しているかどうかは、個人の価値観により左右される場合が多いことからこれを適正に把握するにはアンケート調査や個人面談が有効な手法となります。従業員向けのアンケートの項目は、おおむね次の3つのカテゴリーからなります。

- ■職場での働きやすさ：業務の効率化、人材確保など
- ■私生活の変化：残業削減、休暇取得促進、自己啓発支援など
- ■個人の充実感：出産・育児支援、介護支援など

次の図表42は従業員向けアンケートのうち、ＷＬＢ施策の導入を前提にしたアンケート例です。定点調査で施策を時系列的に評価する場合にも用いることができます。図表43は、導入前後のニーズ把握をするための簡易型のアンケートの例です。

図表42　従業員向けアンケート

※ 「自分への重要性」は、事後評価チェックリスト（P61）に活用します。
※ 「改善への必要性」の高いものは、問題点として改善を図ります。

資料：中小企業庁「中小企業ワーク・ライフ・バランス対応経営マニュアル」を参考に作成

評価項目 大分類	No	質問項目	自分への重要性 答えられない / 全く重要でない / やや重要でない / どちらともいえない / やや重要である / 極めて重要である	改善への必要性 極めて好ましい状況 / やや好ましい状況 / どちらともいえない / やや好ましくない状況 / 全く好ましくない状況
業務の効率化	1	ムダや重複がなく、効率よく仕事が行われている	1 2 3 4 5	1 2 3 4 5
	2	業務の効率化を進めるような取り組みを行っている	1 2 3 4 5	1 2 3 4 5
	3	業務の効率化を促進するような雰囲気や風土がある	1 2 3 4 5	1 2 3 4 5
人材の確保	4	ここ数年新しい人材を採用している	1 2 3 4 5	1 2 3 4 5
	5	人材を効果的に獲得できるような取り組みを行っている	1 2 3 4 5	1 2 3 4 5
	6	第三者に対して、自分の会社を、働くのに良い会社だと勧められる	1 2 3 4 5	1 2 3 4 5
休暇の取得	7	年次有給休暇を希望どおり取得することができている	1 2 3 4 5	1 2 3 4 5
	8	年次有給休暇の取得を促進するような取り組みが行われている	1 2 3 4 5	1 2 3 4 5
	9	休暇取得を促進するような雰囲気や風土がある	1 2 3 4 5	1 2 3 4 5
出産・育児の支援	10	出産・育児支援制度を希望するときに利用できる	1 2 3 4 5	1 2 3 4 5
	11	出産後も育児しながら働ける制度が整っている	1 2 3 4 5	1 2 3 4 5
	12	育児しながら働くことを支援する雰囲気や風土がある	1 2 3 4 5	1 2 3 4 5
介護の支援	13	介護支援制度を希望するときに利用できる	1 2 3 4 5	1 2 3 4 5
	14	介護しながら働ける制度が整っている	1 2 3 4 5	1 2 3 4 5
	15	介護しながら働くことを支援する雰囲気や風土がある	1 2 3 4 5	1 2 3 4 5
自己啓発の支援	16	どのような能力や技術が要求されているか理解している	1 2 3 4 5	1 2 3 4 5
	17	自己啓発を支援する取り組みが行われている	1 2 3 4 5	1 2 3 4 5
	18	自己啓発を進めるような雰囲気や風土がある	1 2 3 4 5	1 2 3 4 5
残業の削減	19	長期にわたり残業が続いている	1 2 3 4 5	1 2 3 4 5
	20	残業時間を短縮するための取り組みが行われている	1 2 3 4 5	1 2 3 4 5
	21	不要な残業を許さない雰囲気や風土がある	1 2 3 4 5	1 2 3 4 5

図表43 ニーズを把握するための簡易型のアンケート例

ＷＬＢに関わるアンケート調査

※ここでご記入いただいたことは、アンケート調査の目的（集計と施策の検討）以外には使用いたしません。また、回答内容を他に漏らすこともありません。

部署＿＿＿＿＿＿　　名前＿＿＿＿＿＿＿＿＿＿

(1) 仕事と私生活のバランスは取れていますか？
　　（　　　）

(2) 現在の年次有給休暇について満足していますか？
　　（満足・やや満足・普通・不満足）
　　理由（　　　　　　　　　　　　　　　　　　　　　　　　　　　　　　　　　　　　　　　）
　　改善して欲しい点（　　　　　　　　　　　　　　　　　　　　　　　　　　　　　　　　　）

(3) 現在の労働時間について満足していますか？
　　（満足・やや満足・普通・不満足）
　　理由（　　　　　　　　　　　　　　　　　　　　　　　　　　　　　　　　　　　　　　　）
　　改善して欲しい点（　　　　　　　　　　　　　　　　　　　　　　　　　　　　　　　　　）

(4) 現在の会社の制度（育児休業や特別休暇など）について満足していますか？
　　（満足・やや満足・普通・不満足）
　　理由　（　　　　　　　　　　　　　　　　　　　　　　　　　　　　　　　　　　　　　　）
　　改善して欲しい点（　　　　　　　　　　　　　　　　　　　　　　　　　　　　　　　　　）

(5) 今後、会社が、従業員のＷＬＢを実現するために何らかの制度を導入する場合は、貴方はどのような制度を望みますか優先順位を付けて５つを記入してください。
　　① （　　　　　　　　）　③ （　　　　　　　　）　⑤ （　　　　　　　　）
　　② （　　　　　　　　）　④ （　　　　　　　　）

　導入前後にニーズを把握するためのアンケートでは、現状の施策とニーズとのズレを明確化すること、問題点とその所在を具体的に把握すること、に重点を置きます。

　一番大切なことは、制度等を実際に利用する従業員の具体的要望（ニーズ）を知ることです。例えば、小学生低学年（１～３年生）の子供を持つ女性従業員は何を望むでしょうか？子供が風邪をひいた場合は学校に行けません。そうすると、病気や食事のケアで会社を休むことになります。この場合は「子の看護休暇」を望むでしょう。また、下校時間も高学年と違って早いため、「残業の免除」や、一定期間の「短時間正社員」などを望むでしょう。

　このようにライフサイクルや地域などによって、従業員の抱える事情は異なります。当然、望む制度も違ってきます。会社が考える制度と、従業員が望む制度が食い違わないように、事前・事中・事後にわたり従業員のニーズをくみ上げることが望まれます。

　このアンケート調査票は、部署・氏名欄を削除した無記名の形にするあるいは自由記入欄を多く設けるなどの自社の労務構成などの事情に応じて修正して活用しましょう。

　また、業務改善によって効果が顕著であった部課や個人に対しては、適宜インセンティブを支給することもモチベーションの施策として考えてください。インセンティブは金銭のみでなく、「特別休暇」や「旅行券」など「ゆとり」を享受できるようなものとすることによって、その後の更なる創意工夫が期待できるのではないでしょうか。

4 職場へフィードバックする

1 事後にも評価する

WLB策を進めた事後の評価は、WLBの制度、個人の充実感、経営指標の3項目に分類して評価します。

図表44 事後評価チェックリスト

大分類	No	チェック項目	評価（1〜5）
WLBの制度	1	育児支援制度の充実度	1　2　3　④　5
	2	介護支援制度の充実度	1　2　③　4　5
個人の充実感	3	育児支援制度を希望するときに利用できる	1　2　3　④　5
	4	介護支援制度を希望するときに利用できる	1　2　③　4　5
	5	自分に期待されている能力・技術水準を理解している	1　2　③　4　5
経営指標	6	育児支援制度の利用率	1　2　③　4　5
	7	介護支援制度の利用率	1　②　3　4　5
	8	残業時間が減少した	1　2　③　4　5
	9	有休取得率が向上した	1　2　3　④　5
	10	生産性が向上した	1　2　③　4　5

1) 評価の方法

上記のチェック項目は、基本的なものです。自社のWLB制度の導入状況により、具体的な項目を追加してください。評価は、1〜5の5段階評価としています。

No.1〜2の評価は、前記「従業員向けアンケート」（▶図表42）の「自分への重要性」No.11、14より転記

No.3〜4の評価は、前記「従業員向けアンケート」の「自分への重要性」No.10、13より転記

No.5の評価は、前記「従業員向けアンケート」の「自分への重要性」No.16より転記

No.6〜10までの評価は経営指標であり、次のような数値基準を設定して実績を評価します。

> 1：実績は目標数値の80％未満であった
> 2：実績は目標数値の80％以上95％未満であった
> 3：実績は目標数値の95％以上105％未満であった
> 4：実績は目標数値の105％以上120％未満であった
> 5：実績は目標数値の120％以上であった

目標値は、通常の努力で達成できる値を100とすると、120％の値に設定します。高い目標値によって、従来にない創意工夫を喚起することができます。

2 フィードバックする

> ①良い評価を得た点は施策に組み入れ、「一般管理項目」と位置付けます。
> ②かんばしくない評価あるいは問題点を指摘されたものはその要因を分析して施策を再びあるいは改善して講じます。
> ③問題点が拡大することが予測される場合は、「重点管理項目」と位置付けて取り組みます。

これらの結果は、従業員全員が共有できるよう情報を開示することが必要です。調査結果を始め各段階での情報を周知することが、WLBをスパイラルアップさせる力となります。

3 見える化する

改善効果を評価する際には、次のようなレーダーチャートとして表現するとゆらぎやバラツキ、そして課題が「見える化」されます。

図表45 改善効果を見える化し評価するためのレーダーチャート

（レーダーチャート：WLB事後評価（総合評価）、育児支援制度充実度、介護支援制度充実度、育児制度の利用しやすさ、介護制度の利用しやすさ、自分に要求されている能力・技術水準についての理解、育児支援制度利用率、介護支援制度利用率、残業時間減少、有休取得率向上、生産性向上）

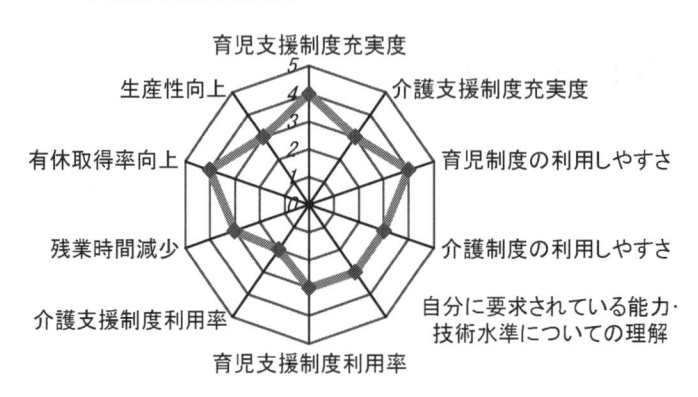

4 新たな改善目標を設定する

中小企業に限らず、WLBの多様な施策を一度に導入することは難しい面があります。そこで、従業員のニーズが高く、効果が大きいと思われるものから順次導入することとします。自社の従業員の年齢構成などから、先の変化を予測して、導入する施策を決めることも必要です。新たな改善目標を設定することが発展・成長の鍵となります。

WLBは企業戦略です。行政の指導によって推進するのではなく、企業自身が自社にもっとも適した対応を創り出す、文字どおりの戦略的対応が重要になっています。

Column 休業復帰者や短時間勤務者への評価

一般的に、休業復帰者や短時間勤務者への評価は「普通に働いていた人」と比較すると、マイナス評価のケースが多いようです。その方が職場に不公平感が広がらないという読みに基づくものと思われます。

しかし将来的には、さまざまな制約がある中で働かなければならない人が増えてきます。そうした人が「遅れはもう取り戻せない」と思いこみ、モチベーションを下げてしまうとしたら、会社にとって大きな損失になってしまいます。一時期、フルタイムで働くことができなくても、長期的には自己のキャリアの遅れを挽回する機会が確保できるよう、公平で納得できる業績評価制度を導入することが期待されているといえます。

VI アクションシートを使って進める

　WLBを推進する過程では、企画・立案、実施、評価、改善の各段階で、点検・検証を怠らないことが円滑に進めるための必須事項となります。
　この章では、これまで紹介したものも含め具体的に行動を起こす助けとなるワークシートを一括してご紹介します（一部は再掲）。

1 シート一覧表

図表46 ワーク・ライフ・バランスを推進するためのワークシート一覧

シート名	誰が誰に(何に)対して使用するものか？	シート作成の目的	備考（掲載箇所）
「一般事業主行動計画」作成チェックリスト	経営者→届出官庁	一般事業主行動計画（具体的なアクションプランを含む）の策定を届け出ること	Ⅲ2　一般事業主行動計画の策定（24、25頁図表20）
WLB具体的手順チェック表	経営トップ・管理者が使用	経営者がWLB施策の全体像をつかむこと	Ⅲ4　WLBの導入～具体的手順（27～36頁）
労働時間の実態把握シート	管理者→部署	社員1人ひとりの労働時間の実態をつかむこと	Ⅳ1　残業削減は「意識改革」と「環境整備」から（43頁図表28）
長時間労働削減の5つのテーマと手法	管理者→従業員	労働時間の実態を正確に把握し、削減方法のアクションを探ること	Ⅳ1　残業削減は「意識改革」と「環境整備」から（44頁図表29）
工程の「見える化」手法	管理者→部署	見えにくいホワイトカラーの仕事の工程を「見える化」し業務を効率化すること	Ⅳ2　時間管理の考え方と具体的な手法（48、49頁図表32）
業務改善実施計画書	管理者→部署	施策の成果が上がっているかどうかをチェックすること	Ⅴ1　すべての業務を見直す（53頁図表37）
管理者ヒアリングシート	社外の者（コンサルタントなど）→管理者	会社の現状を客観的に把握すること	本章 ❷
従業員アンケートシート	管理者→従業員全員	従業員個人の評価を調査すると同時に参加意識を高めること	Ⅴ3　業務改善評価（59頁図表42）
管理者面談シート（従業員アンケート）	管理者→従業員	従業員のニーズを調査すること	本章 ❷
アクションプランシート	管理者→自分も含めた自部署（あるいは組織全体）	管理者、従業員ともに具体的に行動できるようにすること	本章 ❸
事後評価チェックリスト	経営トップ・管理者が使用	WLB施策を事後評価し、改善策を講じること	Ⅴ4　職場へのフィードバック（61頁図表44）
生産性向上チェックシート	経営者→管理者　管理者→従業員	WLB施策を実施することにより、1人当たりの生産性の向上があることを示すこと	本章 ❹

2 管理者ヒアリングシート

1）管理者へのヒアリングシート

　コンサルタントなど企業外の者が、当該企業の管理者がどのように自社のWLBを評価しているかを把握するためのシートです。必要な項目について、現状の取組みを聞き取る内容となっています。

図表47　管理者ヒアリングシート

1．働き方について	常に推進している	これから推進したい	推進する予定はない
管理者らが率先して、定時退社できる職場風土づくりに取り組んでいる			
残業など所定外労働を制限することができる			
始業・終業時刻の繰り上げ・繰り下げによる勤務ができる			
有給休暇を必要に応じて取得することができる			
時間単位での休暇取得が可能である			
短時間勤務ができる			
フレックスタイムによる勤務ができる			
在宅勤務ができる			

2．職場内のコミュニケーションについて	常に推進している	これから推進したい	推進する予定はない
従業員がお互いの仕事内容をよく理解している			
従業員どうしのコミュニケーションが活発である			
長時間労働や残業をなくすために協力し合うことができている			
パートタイマーや派遣従業員の働きやすさにも配慮している			
仕事上での悩みやメンタルヘルスについて相談できる体制がある			
従業員の要望や意見を入れて職場環境を改善する体制がある			

3．介護支援体制について	常に推進している	これから推進したい	推進する予定はない
法定どうり介護休業できる			
法定以上に介護休業できる			
普段から介護休業に関する情報提供するなど介護休業の利用を促進している			
家族の介護のために所定外労働をさせない制度がある			
介護のための在宅勤務制度がある			
介護に要した費用を補助または貸し付ける制度がある			
介護休業手当など介護した従業員への経済的援助制度がある			
介護休業終了後は、原則として現職または現職相当職に復帰させることが就業規則等に明記されている			
介護休業後の円滑な職場復帰のための援助制度（資料提供や研修など）がある			

4．出産・育児支援について	常に推進している	これから推進したい	推進する予定はない
妊娠中の健康管理や周囲の心配りについて啓発している			
妊娠期間中も必要に応じて休暇を取得できる			
妊娠期間中も必要に応じて時間短縮勤務とすることができる			
従業員の希望に応じて（男女とも）育児休業を取得できる			
男女とも育児休業を取りやすいように管理職には意識啓発が行われ、管理者が取得を促進する動きをしている			
配偶者が出産したときに配偶者出産休暇が取得できる			
育児休業中でも給与が支給される			
育児に対する手当を支給している			
育児中の従業員に対する業務量の調整等に配慮している			
育児中の従業員に在宅勤務を認めている			

育児中の急な休みにも対応できるような態勢をとっている			
保育所や学校行事への参加を奨励している			
円滑に職場復帰するための教育訓練や情報提供を育児休業中に行っている			
育児休業終了後は原則として現職または現職相当職に復帰させることが就業規則等に明記されている			

2） 管理者による部下への面談シート

　企業の管理者が、部下のWLBに関するニーズを把握するために使うシートです。このヒアリングの内容が査定に響くものではないことをキチンと伝え、本音を聞き出すことが大切です。プライベートな内容も聞くことになるため、情報管理には細心の注意を払います。情報漏えいには充分に配慮することを本人に伝えるとともに、聞いた内容への批判や意見は一切避けて事実の把握に努めます。

図表48　面談シート

1．勤務時間、勤務内容項目	確　認
現在の残業時間はどれくらいですか	
何時から何時までの勤務が可能（理想）ですか	
現在の業務の内容の負担はどうですか	
（職場内で）業務の偏りなどがありますか	
体調に問題はありませんか	
有給休暇はきちんと取得できていますか	
定時退社は可能ですか。可能でないとすると、阻害要因は何だと思いますか	
長期休暇はどれくらい必要ですか	
職場復帰後の業務内容に関する希望はありますか	
2．職場内のコミュニケーションについて	**確　認**
職場でほかの従業員の仕事内容は把握できていますか	
同僚に仕事をお願いできる雰囲気はありますか	
長時間労働や残業をなくすために協力し合うことができていますか	
3．介護をする必要のある従業員に対する項目	**確　認**
要介護者の要介護度、同居の有無、協力者の有無	
介護しながら働くことを希望する場合には、希望する勤務時間	
介護生活の負担と業務内容の負担（介護は体力を要するものです。このため業務負担を減らす必要があるかどうかを聞く）	
在宅勤務の希望の有無	
介護に関する経済的援助制度の案内	
介護休業後、復帰した後の勤務形態の希望（短時間勤務・在宅勤務・パート勤務など）	
介護に関する相談窓口を確保しているかどうか（当該従業員のメンタルヘルスのため。会社内にあればそれを案内する）	
4．出産・育児支援について	**確　認**
出産予定日（休暇の日程を確定させるため）	
妊娠の状態と休暇取得・時短の必要性（医者から安静を指示されている場合があるため）	
妊娠中の業務内容の見直しの必要の有無	
出産育児手当の案内	

育児休業の希望（出産後の復帰希望時期を把握するため）	
出産後の希望職種	
出産・育児に関する協力者の有無	
出産後の保育園の確保	
出産後、復帰後の業務内容、勤務時間の希望	

3 アクションプランシートを作る

ヒアリングやアンケートによって施策を策定した後、具体的に行動するためにアクションプランシートを作ります。ここでは、参考例として、「仕事の再設計」のアクションプランシート（例）を示します。

図表49 「仕事の再設計」のアクションプランシート（例）

施策名：仕事の再設計			目標値 月平均残業時間 ○時間→○時間まで削減 水道光熱費 ○円→○円まで削減
目的（why）	無駄をはぶき、効率化することで長時間労働を減らす。		
何を（what）	業務時間		
どこの誰が (where, who)	○○部署の管理者	○○部署の従業員	いつまでに／成果物 (when)
どのように（how）	①業務の洗い出しを指示する。	①業務を2週間記録する。	H22.4月中／業務記録
	②部署内で①の結果を共有する。無駄な部分、業務の偏りなどをチェックして明文化する。		H22.5月第3週までに／業務記録分析結果
	③②をもとに、標準作業時間を設定し、メンバー間の業務分担を修正する。		H22.6月下旬（年内）まで／各業務分担表
	④効果を図るため、作業時間・残業時間を測定する。メンバーは週単位で報告する。		H22.10月まで毎月調査／残業時間
予算（how much）	打ち合わせ費程度		

4 生産性向上のチェックシート

施策による効果は、生産性が向上したか否か、どの程度向上したかをチェックすることによって確かめます。

ここでは代表的な指標の例と、アンケートの例を掲載します。量、質の両面から効果を把握することが大切です。

図表50 定量的指標

指標／アンケート項目	実績値／結果	備考
1人当たり経常利益の伸び	％増加	2004年度から2007年度までＷＬＢ施策を実施した企業のうち49％の企業で、10ポイント以上増加
採用・教育コストの減少	％減少	従業員の定着率が上がることでこうした費用が減少しているかどうか
有給取得率の増加	％増加	
残業時間の減少	（月平均）　時間減少	

図表51　定性的評価（アンケート形式）

1．仕事の中身	確　　認
今の仕事は面白いですか、やりがいを感じていますか	
今後も今の仕事を続けたいですか	
仕事を通じて達成感を味わえていますか	
仕事を通じて自分が成長していると感じますか	
2．自分の仕事の位置づけ	確　　認
職場で自分が必要とされていると実感できますか	
自分の仕事が職場に貢献していると思いますか	
今の仕事は顧客や社会に役立っていると思いますか	
自分の能力を十分に発揮して働いていると思いますか	
3．長時間勤務の解消	確　　認
残業時間は減りましたか	
仕事以外の自分の時間を以前よりもとれていると感じますか	
育児や介護の時間をとれるようになりましたか	
有給休暇を消化できていますか	
職場にいる時間に仕事の効率は上がったと感じますか	

Column　1人に仕事が集中すると…

　ある企業で、数週間にわたり社員が日々の業務内容とそれに要した時間を書き出していったところ、「ある主任の判断・相談待ち」の時間が非常に多いことが分かりました。その主任は多くの仕事を抱えており、後輩を教育する時間もなく、結果的にその部署全体で恒常的な長時間労働が続いていました。

　このように、属人的な仕事の進め方をしている企業は、日本には少なくないでしょう。しかし、皆が「自分にしかできない仕事」を持っていたら、誰かが休んだだけで業務が停止してしまいます。これは中小企業にとっては大きな打撃です。

　日頃から仕事をお互いにカバーしあい、情報を共有することが、これからの時代に求められます。

VII 取組み事例をみる

中小企業でWLBを導入し、効果を実感している事例の特徴として、①もともと従業員を大切にするという意識が強く、②人材育成に力を注ぐという企業風土があることに加え、③トップが強い決意を持って取り組んでいるという3点が挙げられます。

少数精鋭で仕事をしていかなければならない中小企業にとって、従業員はまさに会社の要。「この人に辞めてもらっては困る」という具体的な課題から、働きやすい制度をつくり上げていった企業が多く見られます。また、休業等の制度の利用では、「あの人であれば協力しよう」という仲間意識があり、お互いの「顔が見える関係」が育まれている中小企業だからこそ、スムーズに制度を導入できたという声も聞かれました。

まず、「トップが強い気持ちで問題解決に取組んだ」事例を紹介しましょう。

1 中小企業のケース

従業員とのコミュニケーションを最重要視し、技術者の退職を防ぐ
S社（山形県・従業員29名）

基本となる考え方／導入の経緯

経営幹部の反対を押し切って、出産退職よりも育児休業を社長が勧める

山形市に本社を置くS社は、1931年に設立された補聴器販売を手がける企業です。現社長は7年前に初代経営者であった父親から会社を承継しました。経営を引き継いで最初に苦労したのが、熟練した女性販売員の出産退職とその補充だったといいます。

一般的な物品販売と異なり、補聴器販売には補聴器職人としての技術・技能が必要です。技術・技能者として一人前になるには10年はかかるため、女性技術者には長く働いてもらいたいという業界です。ところが出産前後と復帰後の就業環境が整備されておらず、女性の側でも準備が不十分だったため、多くが仕事を断念せざるを得ない現実がありました。

事業を引き継いですぐこの課題に気づいた社長は、まず女性従業員とよく話し合うことを心がけました。すると出産後の昇給や昇格等で不利益を被ることがあったり、家事・育児の両立の大変さが退職に結びついていることが分かり、企業として安定的に成長して行くためには、何らかの手を打たなければと考えるようになりました。

小規模な企業では、人の確保と育成に常に苦労が伴います。そこで社長は会社の方針として、出産予定者に出産退職よりも育児休業を勧める方針を決めました。これは当時の経営幹部の反対を押し切ってのトップ判断でした。この強い決意の背景には、先代からの女性技術者が育児休業を経て復帰し、60歳を超えた今も活躍するという先例への評価に加え、社長自身も女性として、出産・育児期に仕事を続ける苦労の体験があってのことでした。

具体的な取組み内容

従業員とのミーティングが、パワーソース

「従業員とよく話し合う」という姿勢は、現在でも月1回、「社長が従業員全員とミーティングをする」という形で示されています。従業員をレベル別（店長・リーダー・一般職）に分けた、5人程度のグループ単位のミーティングです。1グループのミーティングに7時間、ほぼ丸1日の時間を費やします。月に5日間はこのミーティングに時間を割き、個人的な事情や課題を抱える従業員には、さらに個別にミーティングの時間を設けています。

Ⅶ 取組み事例をみる

ミーティングではその月の個人ベースでの売上高、売上件数を公開し、なぜ目標に達しなかったのか、どうすればよいのかを一緒に考えています。こうした場が個別の家庭の事情などを把握する機会にもなり、個々の事情に合わせた配置や評価、能力開発ができる基盤になっています。

このミーティングは始めて2年目。経営業務のかたわら、社長自身が毎月多くの時間を割くミーティングは大変だろうとよく言われるそうですが、「続けるうちに大変さよりも手応えのほうが大きいと気づきました。今では当社のパワーソースというべき施策になっています」と社長は話します。

効 果

「従業員を大切にする会社」として地域で評判に

今では男性従業員も「せっかく技術をあそこまで覚えたのに、辞められたらもったいない」ということで、女性従業員が育児休業することを心から歓迎。休業者の業務は部門内で協力してカバーしているそうです。このお互いが助け合う企業風土は、社長自身が社内でのコミュニケーションを重視しているために醸成されたものといえます。

中小企業において優秀な人材を採用し、育て上げていくことは、大企業以上に重要です。特に地方では、企業の良い面も悪い面も、口コミで広がりやすく、採用面での影響が無視できません。Ｓ社の採用においても、ぜひ採りたいと思っていた人材が「家族が『Ｓ社さんなら、安心だ。従業員を大切にするいい会社らしいじゃないか』というので、御社に決めます」ということがよくあるそうです。ＷＬＢの推進が、よい企業イメージにつながり、貴重な人材獲得に貢献している好例です。

企業データ
- 事業内容：補聴器販売
- 企業の沿革：1931年設立
- 従業員数：正社員29人　パートタイマー4名
　　　　　　合計33名
- 男女別内訳（正社員のみ）：男性16人　女性13人
- 従業員の平均年齢：35歳

企業の安定成長のために、ワーク・ライフ・バランスの実現は不可欠

Ｈ社　部品製造業（東京都・従業員120名）

基本となる考え方／導入の経緯

従業員の生涯設計に責任を持つ

Ｈ社のＷＬＢへの取組みは、1994年頃から新卒採用をスタートしたこと、育児休業等の制度面の整備が世の中の流れになり、自社でもその必要性を感じたことがきっかけとなりました。しかしＨ社には、それ以前から「従業員の生涯設計に責任を持つ」を念頭に置いた長い経営の歴史がありました。

Ｈ社の従業員の働きやすさに対する考え方は明確です。「（会社が従業員に）責任を持つとは、物心両面で従業員の自己実現を保証することです。『物』は給与や休日の確保等の環境面の整備、『心』は仕事にやりがいを感じてもらい、人生設計と合わせて仕事の目標設定ができることだと考えています」（会長）。このため、子育てや介護によって空白部分が生じることは、「働く人にとっても、経営者にとっても損失です」（同）。このような考え方のもとで、本人の希望を配属転換や自己啓発につなげる道筋がすでにシステム化されていました。

具体的な取組み内容

トップダウンで作り上げた仕組み

ＷＬＢの導入にあたっては、トップダウンで以下のような仕組みをつくり上げています。

①育児休業制度
- 過去に4名が計8回の育児休業した実績がある。3回休業した従業員が1人、2回休業した者が2人いる。
- 3人目を出産した従業員は、本人の事情を勘案し、営業事務から定時に帰宅できる製造部門に配置換えした。
- 育児休業中の代替要員は原則として派遣社員を活用。休業前と同じ職場・業務に復帰するのを原則とする。

②子供の看護休暇制度
- 小学校就学前の子供のいる従業員には、1年間に5日を限度として看護休暇を付与している。

③介護休業
- 正社員だけでなく、パートタイマーも介護休業している。

効果

パートタイマーも介護休暇を取得できるようにし、退職を防ぐ

　WLBを導入した一番のメリットは、子どもを生んで職場復帰してくる先輩従業員を見て、若い女性従業員の中に「子どもができたら退職」という意識がなくなったことです。このような社風が生み出す雰囲気は、新卒従業員の採用にも貢献しています。

　介護休業は正社員だけでなく、1日4時間勤務のパートタイマーも休業できます。あるパートタイマーは、2カ月の介護休業から職場復帰。「製造ラインでの生産性は女性の方が高い。家事をやっているせいか段取りがよく、仕事の改善提案にも積極的」なことから、製造ラインに携わるパートタイマーも、正社員と同じ扱いになっています。

　「優秀な従業員に辞められてしまうのは会社にとって大きな損失であり、企業の安定成長のためにも、WLBへの取組みは非常に重要」という経営者のもと、今後はWLBを企業全体の生産性の向上へとつなげていく考えです。

企業データ
- 事業内容：業務用缶のキャップ等部品製造
  ①缶パーツ一式（キャップ・口金・手環・押え金等）②その他付属品一式　③関連機器
  製品はすべて自社開発製品。同業は日本に3社しかなく、シェアは45〜50%
- 企業の沿革：1947年11月創業、1951年2月法人化
- 従業員数：正社員75人　契約社員（派遣社員）10人
  パートタイマー35人　合計120人
- 男女別内訳：男性62人（正社員）　女性13人（正社員）
  パートタイマー35人　派遣社員10人は全員女性
- 従業員の平均年齢：36歳

育児休業制度と短時間勤務制度の導入で、優秀な人材の退職を防ぐ
F社　金属リサイクル、コンテナバッグの企画・輸入販売（大阪府・従業員40名）

基本となる考え方／導入の経緯

「この人に働き続けてもらうために、必要に迫られて」育児休業制度を導入

　F社の前身となる会社は戦後まもなく創業した金属のスクラップ問屋。金属資源リサイクル業に50年以上従事する中で、1994年に金属資源を輸送するコンテナバッグの企画・輸入販売を新規事業としました。

　F社は今でこそ、資源の有効活用という時代の流れの中で業容を拡大していますが、過去には「金属スクラップ回収・販売業」という業種のイメージから、人材の確保に大変苦労してきました。このため、女性や障がい者、外国人の活用に早くから目を向け、現在も障がい者2名を雇用。外国人も中国、ロシア、チェコ等の幅広い国籍の人材を採用し、語学力などを生かした活躍を得ています。

このようなF社で、数年前に優秀な外国人の女性従業員2名が同時期に妊娠しました。彼女らに働き続けてもらうためにはどうすればよいか？と考えるところから、育児休業制度の導入がスタートしました。いわば「必要に迫られて」という形です。

具体的な取組み内容

当事者も交え、制度の内容を検討

制度の内容は、社長と人事担当者、当事者である女性従業員とが面談し検討しました。これから育児休業制度を利用しようとする従業員の声を盛り込んだ制度は、次の内容となっています。
- 育児休業は原則1年間。保育所が見つからない場合は延長可能。
- 保育所の費用の半額を会社が負担する。
- 育児休業中も社内ネットワークへの登録を続け、自宅のパソコンから社内のスケジュール、日報、会議の議事録などを閲覧できる。
- 育児休業復帰後は短時間勤務制度を活用できる。

効 果

「あの人であれば協力しよう」と制度導入

F社での制度導入は社内でスムーズに運びました。これは、きっかけとなった制度利用者が優秀で責任感の強い従業員であったこと、普段から社内の従業員どうしのコミュニケーションが良かったことなどによります。初めての事態に「あの人であれば協力しよう」との機運が生まれたそうです。また短時間勤務制度の導入は、当該従業員だけでなく、周囲もより効率のよい仕事の仕方を考える契機となり、生産性の向上に結びつきました。

制度導入の一番のメリットは優秀な人材の退職を防ぐことができた点です。今ではF社の育児休業実績は延べ5回。若い女性従業員に「この会社で長く働きたい」という意識が芽生えたのもメリットでした。

「当社の場合は必要に迫られ、当事者である従業員との話し合いで制度をつくってきた。このため有効に機能しているのだと思う。机の上だけで制度をつくらないことが大事」とはF社の幹部。「人材は企業の要である」という認識のもと、当社では今後も従業員が抱える様々な事情にその都度、柔軟に対応していく方針です。

企業データ
- 事業内容：①金属資源リサイクル ②フレキシブルコンテナバッグ販売 ③産業車両用タイヤ販売
  ①の金属資源リサイクル業には前身の企業を含め、50年以上の歴史を有する。
- 企業の沿革：戦後すぐに金属のスクラップ問屋として創業。そこから派生した新規事業である、フレキシブルコンテナバッグ「ソフトバッグ」の企画・輸入販売を目的として1994年に設立された。
- 従業員数：正社員27人　契約社員6人　パートタイマー7人　合計40人
- 男女別内訳：男性24人　女性16人
- 従業員の平均年齢：36.5歳

育児休業制度を確立して、女性従業員の戦力化に成功

T社　特殊鋼販売（大阪府・従業員39名）

基本となる考え方／導入の経緯

「働きやすさにつながることは何でもやる」社風

T社は自動車部品などに使われる特殊鋼販売の老舗として130年以上の歴史を持つ企業です。現在はファブレスメーカーとして加工品の開発・製造も手がけています。

「従業員第一主義」をモットーとするT社とWLBを結びつけたものは、T社の社風によるところが

大きいといえます。「自分の会社を愛することのできない従業員が、お客様を大切にすることなどできない」という確固たる考えのもと、Ｔ社では従業員の質を高めるための教育に社長が30年以上、力を注いできました。このような努力は、現在、従業員自らが考え行動する様々な「委員会とその活動」の形となって現れています。

体力づくりや健康管理を目的とした「ハツラツ委員会」、自己啓発に係る「ヒラメキ委員会」、社内の安全・美化を図る「スッキリ委員会」、広報活動に取り組む「トキメキ委員会」など。従業員たちは自主的に様々な取り組みを展開し、始業前の週３回のジョギングは30年近く。取引先にも呼びかけて実施している年２回の登山、年２〜３回実施している「ノーマイカーデー・飲もうかデー」等のユニークな活動も定着しています。経営方針で「３Ｈ（Happiness）を高めよう」が掲げられ、自分、家族、会社の幸福を追求することが奨励されているＴ社。「従業員の働きやすさにつながることは何でもしよう」との社風が根づいています。

Ｔ社で育児休業制度や介護休業制度を導入する動きが始まったのは2005年頃。ある優秀な女性従業員が社内結婚をし、本人も働き続ける希望であったことから、その後の妊娠・出産・子育て期を見据えた、女性が働きやすい仕組みづくりに取り組むことになったのです。

具体的な取組み内容

朝礼や会議を通じて周知徹底

制度は、総務担当者が実際に制度を利用する従業員と面談して設計しました。

● **介護休暇見舞金の支給**

介護休業者への支援策として、在籍10年以上の者については給与の20％相当額を「介護休暇見舞金」として支給（介護休業するような時期は、介護費、医療費などの出費がかさむことへの配慮）。

● **子ども参観日の実施**

従業員の家族に会社のことを知ってもらおうと始めたもの。テレビでも大きく取り上げて放映された。

このような制度や取組みは、朝礼や全従業員による会議の場で会社としての考え方や仕組みの詳細をきちんと説明するなど、周知徹底されている。

効　果

インターネット商談システムのスタートとともに、女性の営業チームを編成

ＷＬＢに取組んだ最大のメリットは、女性従業員の戦力化が進んだことです。

Ｔ社では海外進出に備え、近年、外国語の堪能な女性を積極的に採用してきました。2007年には女性の営業チームを編成、2008年からアジア圏を中心にインターネットでの商談システムをスタートさせています。この商談システムが予想を超える業績を上げるのですが、牽引力はＷＬＢ制度を利用した女性でした。

インターネットでの商談では、顔が見えないだけに、きめ細かなコミュニケーション能力が必要とされます。これは女性の得意とするところであり、能力が発揮できるフィールドです。この営業チームのリーダーを担っている女性は育児休業の取得者。女性が安心して長く働くことのできる環境を整えたことにより、優秀な人材をさらに戦力化することができたと経営陣は話します。中小企業の人材は、１人ひとりが貴重な経営資源であり、業績に即影響する存在であることを示す事例といえるでしょう。

企業データ
● 事業内容：特殊鋼・シリコロイの加工・販売・輸出入
● 企業の沿革：1875年１月創業、1944年３月設立
● 従業員数：正社員39人（全員正社員）
● 男女別内訳：男性29人　女性10人
● 従業員の平均年齢：36.6歳

2 大企業のケース

　大企業でのＷＬＢの取組みでは、制度面の整備に加え、各種のプロジェクトチームやグループを組織し、考え方を企業内に浸透させることが大きな柱になっています。中小企業に多いトップダウン、あるいは従業員と経営陣との直接の話し合いによって進むケースに比べ、組織規模などの違いから異なったアプローチも見受けられます。多様な手法で導入していくために、中小企業にも参考となる事例を紹介しましょう。

■委員会やグループ、プロジェクトチームを組織する例

- ダイバーシティ推進委員会を設立し、①ダイバーシティに取組む意義の共有、②制度の構築と浸透、③ＷＬＢワーク・ライフ・バランスの実現、④多様な従業員の活躍支援という、４つの主要施策をまとめた。
- 女性活躍推進グループを設立し、女性営業職が働きやすい環境づくりに力を入れた。
- モチベーションアップとネットワークの構築、ロールモデルの共有を目的とした「女性営業交流会」を開催した。
- 優秀な女性従業員が出産を機に退職を申し出たことをきっかけに、テレワークプロジェクトを発足させ、働く時間と場所を選択できる在宅勤務制度を導入した。

■社内広報への取組み例

- ＷＬＢの考え方を企業内に浸透させるには、まず、管理職に理解してもらうことが欠かせないという考えから、女性従業員の早期離職がもたらす損失を算出した。すると、入社４年目で退職されると、年間にかかる教育コスト約1,000万円が無駄になることが分かった。このデータを用いてＷＬＢの推進が経営戦略上いかに大切かを管理者層に伝え、理解を得ることができた。
- 「次世代育成支援ガイドブック」を作成し、従業員のＷＬＢをサポートする様々な制度や手続き方法などの情報を分かりやすくまとめた。
- 制度を実際に活用した従業員の体験談をイントラネットに掲載し、社内にはまだ少ない女性営業職のロールモデルを紹介した。
- 社内のイントラネットに「妊娠と育児の手続きガイド」を掲載している。妊娠から出産までの各種手続きを時系列でまとめた内容で、従業員が簡単にアクセスして情報を得られるようになっている。

■教育・研修プログラムの例

- 育児休業者を対象に職場復帰プログラムを導入している。在宅でインターネットを通じてビジネススキルを磨いたり、社内情報、育児ノウハウ、職場復帰に役立つ情報が得られるようになっており、利用者には「孤立感や不安が和らぎ、スムーズな職場復帰が可能となる」と好評である。
- 長期的な視点で女性の人材育成を進めようと、「女性リーダー育成ワークショップ」を実施している。中堅女性従業員が組織の意思決定ができるリーダーとなることを目指すもので、プレゼンテーション力などのビジネススキルを磨くほか、他社のロールモデルとの交流やメンバーどうしのディスカッション等を行っている。

VIII ワーク・ライフ・バランスのための各種施策

※**制度変更があったため、増刷に際し、H23.10末時点の内容に更新しました。**

1 ワーク・ライフ・バランスの推進策

1 主な制度の概要と課題等

　　　…法律上義務付けられている制度

制度等	概要	課題等
育児休業制度	1歳に満たない子を養育するための休業で、原則として子が1歳に達するまで男女とも取得できます（一定の条件下では1歳6か月まで延長可）。休業期間中の有給・無給は任意です。	●男性従業員による休業 ●代替要員の確保
介護休業制度	要介護状態にある家族を介護するため、要介護状態ごとに1回、通算93日の範囲内で取得できる休業です。	●認知度アップ
子の看護休暇制度	小学校に就学するまでの子の看護や健康診断などのために、子が1人であれば年間5日まで、2人以上であれば10日まで1日単位で取得できる休暇です。	●認知度アップ ●急な休暇に対する業務処理対応
短時間勤務制度	通常の勤務時間よりも短い時間で働ける制度です。（8時間→6時間など）	●代替要員の確保 ●ジョブローテーションなど ●多様な事情での利用促進
所定外労働の制限・免除	小学校就学前の子を養育する労働者または家族の介護を行う労働者は申し出ることにより、一定時間以内に時間外労働の制限を受けることができる制度です。	●代替要員の確保 ●業務の効率化
変形労働時間制度	フレックスタイム制（早出遅出制度など）、裁量労働制、1年単位の変形労働時間制など	●業務プロセス、勤怠管理の見直し
年次有給休暇の取得促進	計画的付与、年間取得計画の事前策定、管理部署によるチェック、給与明細への記載など	●取得率の向上
各休暇制度	子の学校行事参加休暇、積立制度（未消化の年次有給休暇を一定日数保存・積み立てる）、メモリアル休暇（結婚、誕生日等）、チャージ休暇（一定年ごとにボーナス休暇を付与など）、連続休暇、リフレッシュ休暇（連続休暇）、半日休暇、ボランティア休暇、キャリアアップ（自己啓発）休暇など	●有給にする場合はコスト負荷 ●コスト負荷を解消するための生産性向上 ●業務成果への反映評価
時間外労働の削減	ノー残業デー、最終退社時刻設定、健康デー、WLBデーなど	●生産性向上 ●意識改革
配偶者の出産時特別休暇	妊娠サポート休暇（出産時、退院時）など	●認知度アップ
子育て支援設備制度	託児所、会社施設の開放（遊び、勉強部屋）など	●コスト負荷
育児休業者職場復帰支援	イントラネット、研修、配属場所等希望など	●利用促進
福利厚生の充実	家族旅行等の補助、保養施設契約など	●効率的活用
雇用形態の柔軟化	短時間正社員制度、正社員↔パート従業員間の移動など	●制度確立
在宅勤務制度	インターネット等を活用した在宅勤務制度など	●業務の整理・見直し
再雇用制度	出産等による退職者あるいは定年退職者の再雇用、登録制度など	●制度確立
相談窓口の設置	WLBについての相談窓口の開設や相談員の配置など	●相談員の確保

Ⅷ ワーク・ライフ・バランスの各種施策

解 決 策 と ポ イ ン ト
●課題は「男性従業員が育児休業することは普通のこと」という職場の雰囲気づくり。日頃から社長や上司が女性従業員だけではなく男性従業員の育児休業も歓迎する旨のメッセージを発信する。 ●育児休業期間中は、一般的には無給だが、短期（１週間程度）の育児休業であれば有給にする、 など。
●介護休業規程を整備し、制度を周知する。 ●要介護状態（負傷、疾病または身体上もしくは精神上の障害により、２週間以上の期間にわたり常時介護を必要とする状態）とは何かを従業員に理解させるなど、どのような場合に利用できるかを周知する。
●子の看護休暇規程を整備し、制度を周知する。 ●日頃からジョブ・ローテーションにより、休暇を取得した従業員の業務を他の従業員が代替できるようにしておく。 ●パートタイマーなどへの連絡体制を整備し、急な休暇が発生した場合は、当日に勤務のない従業員に出勤を打診する。 ●人材派遣会社の活用、 など。
●短時間勤務のパートタイマーやアルバイトなどを採用する。 ●日頃からジョブ・ローテーションなどにより、短時間勤務従業員の業務を他の従業員が代替できるようにしておく。 ●突発的なニーズなどの多様な事情に柔軟に対応できる制度に拡充する。
●所定外労働の制限・免除の規程を整備し、制度を周知する。 ●パートタイマーやアルバイトなどを採用する。 ●業務を見直し、作業の効率化、ムダの排除、IT化などにより時間外労働そのものを削減する。
●業務プロセスを見直し、時間ごとの最低必要な要員数を算出し、労働時間を弾力化する。 ●給与計算ソフト等を活用し、全員一律の労働時間帯で管理するのではなく個人別に管理方式に変更する。
●年次有給休暇の取得増によるコスト・アップは、生産性の向上により吸収する方向で方策を検討する。 ●個人ごとに年次有給休暇の消化日数を給与計算ソフト等を活用して管理し、実績等を従業員に明示する。
●従業員満足度を向上させ、モチベーション・アップ（＝仕事への取り組み姿勢の向上）を図る。 ●家族も巻き込んだ会社への帰属意識、貢献意欲の向上を図る。 ●業務プロセスを見直す。 ●IT化（無人化、自動化、手作業の廃止、現物の運送・郵送の廃止など）により業務の効率化を進める。 ●休暇を取得したことによるリフレッシュ効果や能力開発効果など業務成果への反映を積極的に評価する。
●上記と同様。 ●トップから繰り返しメッセージ（ノー残業等）を発信し、全従業員の残業についての意識を変えるとともに、時間管理意識を持たせる。また、実績を検証し結果を公表する。
●特別有給休暇の増加によるコスト負荷は、生産性の向上により吸収する方策を検討する。
●設備投資のコスト負荷は、安心して働けることによる生産性の向上や採用コストの抑制などでカバーする。他社との共同運営を検討する。 ●制度利用を推奨し、コスト負荷は採用コストの抑制や職場復帰による生産性の向上などでカバーする。
●有効に活用してコストロスを防ぎ、従業員満足度を向上させてモチベーション・アップを図る。 ●パートタイマー均衡待遇推進助成金など国の施策や専門家を活用し、制度を確立する。 ●業務を見直し、在宅勤務で可能な業務がないかを確認する。疾病時の在宅勤務利用も検討する。 ●再雇用等制度を整備し、制度を周知する。ＯＢ人材を登録し積極的に活用する。
●相談箱の設置や、経験豊かな役職者や先輩女性を相談担当に配置するなど相談しやすい環境を整える。

2 活用できる施策

WLBはコスト負荷がかかると思い込んでいませんか。
国も推進を支援しています。助成金を上手に活用しましょう。

注意 ここで紹介する助成金を受給するためには、条件があります。年度により内容の変更などもありますので、詳細は関係機関にお問い合わせのうえご確認ください。なお、この内容は2011年10月1日現在のものです。

Q1 従業員が「育児休業を取りたい」と申し出てきました。当社では初めてのケース。法律では決まっているから対応したいけれど、代替要員の確保やその他の引き継ぎで忙しくなりそう。やはりコストがかかるのかと思うと不安です。

A 「中小企業両立支援助成金」の「代替要員確保コース」や「継続就業支援コース」を活用して、負担を減らしましょう。

1) 中小企業両立支援助成金・代替要員確保コース

常用労働者300人以下の企業が、育児休業取得者の代替要員を確保し、当該休業取得者を原職等に復帰させた場合、助成金を受給できます。

支給額は、<u>1人当たり一律15万円</u>です（ただし一年度において、1事業主当たり延べ10人まで）。

※2011年8月までの「両立支援レベルアップ助成金」の「代替要員確保コース」の内容を一部変更の上、引き継ぐものです。
※以下の条件を満たすことが必要です。

- 一般事業主行動計画を策定し、都道府県労働局に届け出ているとともに、当該行動計画を公表し、労働者に周知させるための措置を講じていること
- 育児休業取得者を、育児休業終了後、原職等に復帰させる旨の取扱いを労働協約又は就業規則で規定していること
- 当該育児休業取得者を、当該育児休業終了後、引き続き雇用保険の被保険者として6か月以上雇用していること
- 代替要員を少なくとも3か月以上確保すること

▶問合せ先：都道府県労働局

Column 一緒に取組むワーク・ライフ・バランス

政府は、WLBを国民運動として推進しています。1社のみの取組みでは効果は極めて限定的だからです。たとえば、別の会社に勤務する夫婦を考えてみましょう。妻の会社でWLBを推進していても、夫の会社が全く取組んでいなければ、結局妻に負担がかかるだけです。

WLBは、多くの企業が一緒に取組むことで、最小のコストで最大の効果を上げることができるものだと言えます。

2) 中小企業両立支援助成金・継続就業支援コース

常用労働者100人以下の企業で、2011年10月1日以降に育児休業が終了した者が初めて出た場合、右記の金額を受給できます。

	支給額
1人目	40万円
2～5人目	15万円

※2013年3月31日までに育児休業を終了した者に支給されます。
※以下の条件を満たすことが必要です。

- 一般事業主行動計画を策定し、都道府県労働局に届け出ているとともに、当該行動計画を公表し、労働者に周知させるための措置を講じていること
- 育児休業取得者を、育児休業終了後、原職等に復帰させる旨の取扱いを労働協約または就業規則で規定していること
- 事業所内の全ての雇用保険被保険者に、当該事業所の仕事と家庭の両立を支援するための制度の内容の理解と利用の促進のための研修を実施していること
- 子の出生後6か月以上育児休業を取得した労働者を休業終了後、原職等に復帰させ、1年以上継続雇用したこと

▶問合せ先：都道府県労働局

Q2 育児のために短時間勤務を希望したパートタイマーの女性が非常に優秀で、よく働いてくれます。育児もそろそろ一段落するという彼女を正社員にしたいのですが、受給できる助成金はありますか？

A 「均衡待遇・正社員化推進奨励金」の活用が可能です。

パートタイム労働者・有期契約労働者から正社員へ転換する試験制度を設け、実際に転換者が出た場合に、対象労働者10人目まで支給します。

	中小企業	大企業
①対象労働者1人目	40万円	30万円
②対象労働者2～10人目	20万円	15万円

②の対象労働者が母子家庭の母等である場合は、中小企業30万円、大企業25万円を支給します。

※この奨励金は、従前の「中小企業雇用安定化奨励金」と「短時間労働者均衡待遇推進等助成金」を統合したものです。
※以下の条件を満たすことが必要です。

- 対象労働者の転換日・支給申請日に、対象労働者のほかにも正社員を雇用していること
- 正社員転換前に6か月以上、パートタイム労働者・有期契約労働者として当該事業所に雇用されていたこと
- 正社員として雇用することを前提として雇用された労働者ではないこと
- 制度導入日から2年以内に正社員に転換したこと

▶問合せ先：都道府県労働局

> Q3　当社は女性が多い職場です。貴重な戦力である彼女達を出産などで失いたくはありません。事業所内に託児所を設けることを検討していますが、費用面で不安があります。

A 「事業所内保育施設設置・運営等支援助成金」を活用し、負担を減らしましょう。

事業所内に労働者のための保育施設を設置・運営した場合、助成金を受給できます。

	助成率等	限度額			
設置費 （新築または 購入費　等）	2/3 （大企業1/2）	2,300万円			
増築費	1/2	増築	1,150万円 （5人以上の定員増を伴う増築／ 体調不良児の安静室等の整備　等）		
		建替え	2,300万円 （5人以上の定員増を伴う建替え　等）		
運営費 （専任保育士または 看護師の人件費・ 施設の賃料）	1～5年目：2/3 （大企業1/2） 6～10年目：1/3 （大企業1/3）	運営 形態	現員・定員	1～5年目	6～10年目
		通常型	15人未満	379万2千円	252万8千円
			15～20人未満	540万円	360万円
			20人以上	699万6千円	466万4千円
		時間 延長型	15人未満	505万2千円	336万8千円
			15～20人未満	729万円	486万円
			20人以上	951万6千円	634万4千円
		深夜 延長型	15人未満	533万2千円	355万7千円
			15～20人未満	778万円	518万9千円
			20人以上	1,014万6千円	676万4千円
		体調不良児対応型		上記それぞれの型 の運営に係る額＋ 165万円	上記それぞれの型 の運営に係る額＋ 110万円
保育遊具等購入費	購入に要した額から 10万円を控除した額	40万円 （1品の単価が1万円以上、総額20万円以上の場合に限る）			

※定員10名以上、1人当たりの面積7m^{2}以上の規模であることが条件になります。

▶問合せ先：都道府県労働局

Ⅷ ワーク・ライフ・バランスの各種施策

Q4 短時間勤務を希望する従業員が増えています。雇用管理が複雑になり、負担を感じていますが、それを軽減できるような助成金はありますか？

A 「両立支援助成金」の「子育て期短時間勤務支援助成金」が活用できます。

小学校3年生以下の子を養育する労働者に、短時間勤務制度を連続6か月以上利用させた場合、受給できます。

	100人以下企業	101人以上300人以下企業	大企業
①1人目	70万円	50万円	40万円
②2～10人目	50万円	40万円	10万円

※2011年8月までの「両立支援レベルアップ助成金」の「子育て期の短時間勤務支援コース」の内容を引き継ぐものです。
※以下の条件を満たすことが必要です。

- 一般事業主行動計画を策定し、都道府県労働局に届け出ているとともに、当該行動計画を公表し、労働者に周知させるための措置を講じていること
- 育児休業、所定外労働の制限及び所定労働時間の短縮措置について、育児・介護休業法に基づいて労働協約または就業規則で規定していること
- 短時間勤務制度を連続して6か月利用した日の翌日から引き続き雇用保険の被保険者として1か月以上雇用しており、さらに、雇用保険の被保険者として支給申請日において雇用していること
- 助成金の対象となる短時間勤務は、以下のいずれかに該当するものであること
  (1) 1日の所定労働時間を短縮する短時間勤務
     日の所定労働時間が7時間以上の者の所定労働時間を1日1時間以上短縮しているもの
  (2) 週または月の所定労働時間を短縮する短時間勤務
     週の所定労働時間が35時間以上の者の所定労働時間を1週1割以上短縮しているもの
  (3) 週または月の所定労働日数を短縮する短時間勤務
     週の所定労働日数が5日以上の者の所定労働日数を1週1日以上短縮しているもの

▶問合せ先：都道府県労働局

Column 中小企業による共同の託児施設

出産した女性が仕事を継続できない理由で目立つのが、「安心して子供を預けられる場所がない」です。特に都市部では、保育所に入れないいわゆる「待機児童」問題は深刻です。大企業では、事業所内託児施設を設置したり、保育費用を助成したりするケースがありますが、中小企業ではそこまでは難しいのが現実でしょう。しかし、近隣中小企業が共同で託児施設を設置するという選択肢はあります。

地域の待機児解消のためにも、事業所内託児施設は貴重な存在です。定員に余裕ができた場合には地域にも開放すれば採算面でも安定しますし、企業イメージをアップさせることにもつながります。

> Q5 当社の経営は50～60代の従業員の高度な技術力で成り立っています。彼らにはできるだけ長く会社に残ってほしいのですが、人件費負担を少しでも減らせるような助成金はありますか？

A 「中小企業定年引上げ等奨励金」を活用し、70歳まで働ける職場をつくりましょう。

高年齢者雇用安定法の改正により、2006年4月から「65歳までの雇用確保」が義務づけられました。具体的には「①定年の引上げ、②継続雇用制度の導入、③定年の定めの廃止」のいずれかの措置を講ずることになります。その雇用確保を側面から支援するために設けられたのがこの助成金です。

実施した制度の種類と企業規模に応じて以下の額を受給できます。

制度ごとの支給額

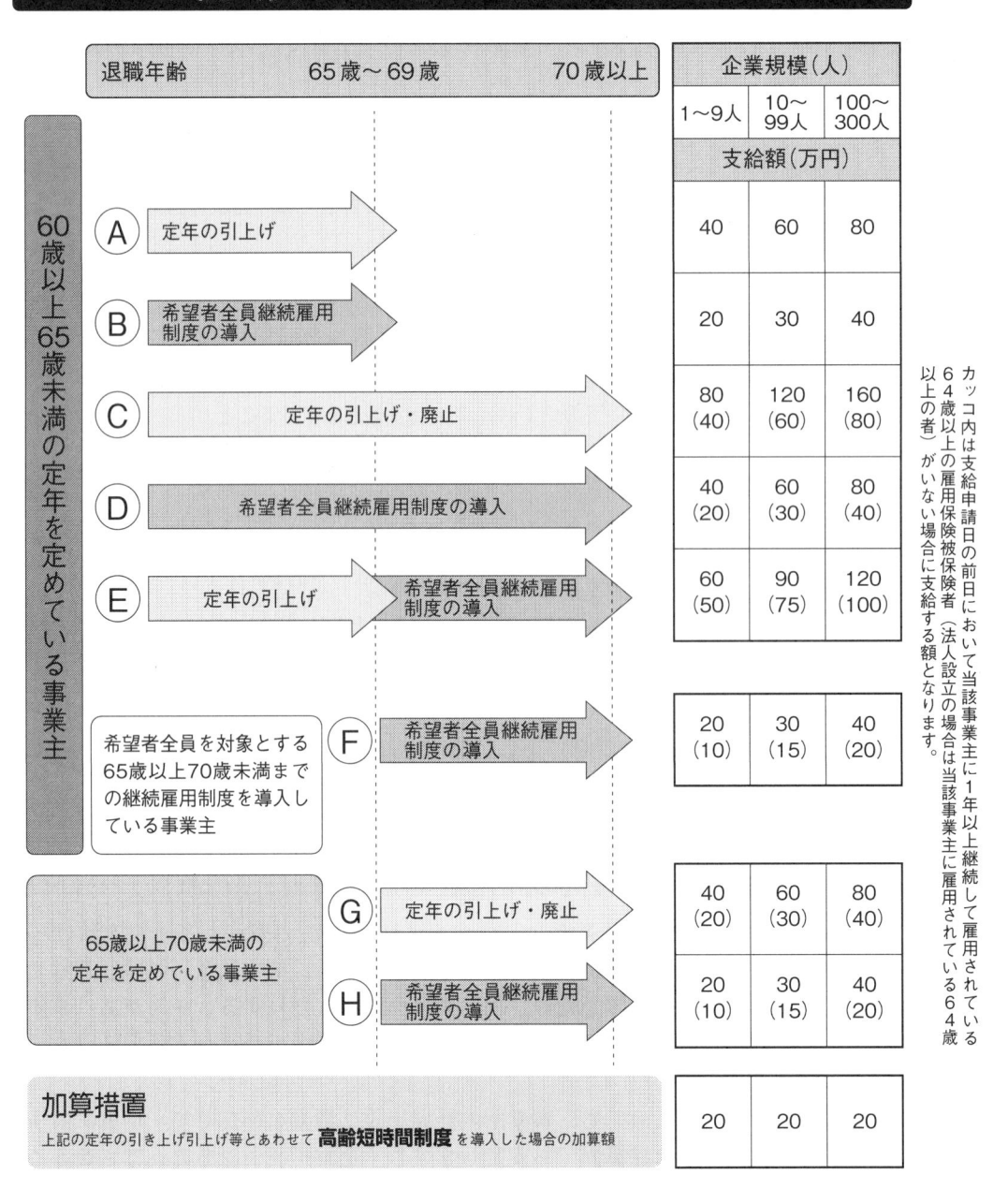

対象事業主	記号	制度	退職年齢範囲	1～9人	10～99人	100～300人
60歳以上65歳未満の定年を定めている事業主	A	定年の引上げ	65歳～69歳	40	60	80
	B	希望者全員継続雇用制度の導入	65歳～69歳	20	30	40
	C	定年の引上げ・廃止	70歳以上	80 (40)	120 (60)	160 (80)
	D	希望者全員継続雇用制度の導入	70歳以上	40 (20)	60 (30)	80 (40)
	E	定年の引上げ＋希望者全員継続雇用制度の導入	70歳以上	60 (50)	90 (75)	120 (100)
希望者全員を対象とする65歳以上70歳未満までの継続雇用制度を導入している事業主	F	希望者全員継続雇用制度の導入	70歳以上	20 (10)	30 (15)	40 (20)
65歳以上70歳未満の定年を定めている事業主	G	定年の引上げ・廃止	70歳以上	40 (20)	60 (30)	80 (40)
	H	希望者全員継続雇用制度の導入	70歳以上	20 (10)	30 (15)	40 (20)
加算措置 上記の定年の引き上げ引上げ等とあわせて**高齢短時間制度**を導入した場合の加算額				20	20	20

カッコ内は支給申請日の前日において当該事業主に1年以上継続して雇用されている64歳以上の雇用保険被保険者（法人設立の場合は当該事業主に雇用されている64歳以上の者）がいない場合に支給する額となります。

▶問合せ先：都道府県　高齢・障害者雇用支援センター

Ⅷ ワーク・ライフ・バランスの各種施策

Q6　障害者の方を雇用したいのですが、職場にとけこんでもらえるか、不安があります。

A　「障害者初回雇用奨励金（ファースト・ステップ奨励金）」を活用しましょう。

　過去３年間に障害者の雇用実績がない中小企業（支給申請日時点で常用労働者数が、障害者の雇用義務制度の対象となる56〜300人以下規模の企業）がハローワークの紹介により、初めて障害者を雇用した場合に、受給できます。
　支給額は、対象労働者１人目を雇用した場合に限り、100万円です（ただし、精神障害者である短時間労働者を雇い入れる場合は、２人以上の雇入れをもって１人目と見なします）。

※以下の条件を満たすことが必要です。

- 雇入れ日の前日から過去３年間に障害者の雇用実績のないこと（実際は「初めて」でなくてもよい）
- 雇用保険の一般被保険者（重度障害者以外の短時間労働者を除く）として雇い入れること

▶問合せ先：最寄のハローワーク

Q7　残業削減や有給休暇の取得率の向上が目標に掲げられていますが、「ワーク・ライフ・バランス」の実現を支援してくれるような助成金はありますか？

A　労働時間等の設定の改善など職場の意識を改善するための２か年計画を作成し、この計画に基づく措置を効果的に実施し、一定の目標を達成した場合に、「職場意識改善助成金」を受給できます。

　「職場意識改善助成金」は、労働時間等の設定の改善（所定外労働の削減、年次有給休暇の取得促進など）に向けて、職場の意識を改善する取組みを進めようとする中小企業事業主を支援するために設けられた助成金です。
　特定の項目（①労使の話し合いの機会等実施体制の整備、②研修の実施など職場意識改善のための措置、③年次有給休暇の取得促進・所定外労働の削減など労働時間等の設定を改善するための措置、④所定労働時間を週１時間以上短縮するなどの制度的な改善）についての「職場意識改善計画」（期間２年間）を７月末までに立てて、所轄労働局長の認定を受けて、これに取り組みます。取組みの結果、「設定改善指標」（26項目）の評価点が一定水準以上となった場合には、初年度終了時点と次年度終了時点で助成金を受給できます。さらに、特定指標（①年次有給休暇の取得率が60％以上で、所定外労働時間数を平均20％以上削減した場合、②年次有給休暇の取得率が70％以上の場合のいずれかを満たした場合）をクリアした場合には、助成金が上積みされます。

設定改善目標の改善度合い	支給額
初年度終了時点で評価点が60点以上でかつ少しでも向上した場合	50万円
次年度終了時点で評価点が80点以上で初年度よりさらに向上した場合	50万円
特定指標をクリアした場合	50万円

▶問合せ先：都道府県労働局

その他、こんな助成金・支援策もあります。詳細は関係機関にお問い合わせください

助成金

助成金	内　　容	金　額	問合せ先
中小企業両立支援助成金「休業中能力アップコース」	育児休業取得者がスムーズに職場復帰できるように、能力を開発する職場復帰プログラムを実施した場合に支給	1人当たり最大21万円	都道府県労働局
ベビーシッター育児支援事業	一般事業主（児童手当法第20条）に雇用される者が、ベビーシッター事業者の提供するサービスを利用した場合に、利用料金の一部を助成	1日1家庭1回利用可能で、1回につき1,700円の割引	(財)こども未来財団
高年齢者職域拡大等助成金	希望者全員が65歳以上まで働くことができる制度または70歳以上まで働くことができる制度の導入にあわせて、高年齢者の職域の拡大や雇用管理制度の構築に取り組み、高年齢者がいきいきと働ける職場を整備する事業主に支給	1/3、最大500万円	都道府県高齢・障害者雇用支援センター

業務効率化のための施策

目的	施策	内　　容	問合せ先
ITの活用	IT活用促進資金	中小企業が情報化を進めるために必要な設備等の取得に係る設備資金、ソフトウェアの取得やデジタルコンテンツの制作、上映等に係る運転資金の融資を受けることが可能	(株)日本政策金融公庫
ITの活用	戦略的CIO育成支援事業	中小企業のIT経営に十分な知見と実績がある専門家を長期間派遣し、ITを活用した経営戦略の策定等をアドバイスするとともに、中小企業内のCIO候補者を育成する	(独)中小企業基盤整備機構
設備導入	小規模企業設備資金貸付制度	小規模企業者等が、企業または従業員1人当たりの付加価値額が一定以上向上すると見込まれる設備などを導入する際、設備購入代金の半額の無利子融資を受けられる	都道府県中小企業支援センター
設備導入	小規模企業設備貸与制度	小規模企業者等が、企業または従業員1人当たりの付加価値額が一定以上向上すると見込まれる設備などを導入する際、有利な条件で割賦販売やリース制度を利用できる	都道府県中小企業支援センター

このような認定・認証制度もあります

名称	趣旨・内容	問合せ先
次世代認定マーク「くるみん」	一般事業主行動計画を策定し、要件を満たしたときに、この認定が受けられる。	厚生労働省
ＷＬＢ認証マーク	21世紀職業財団に設けられたＷＬＢ審査認証委員会が行う審査に通れば、この認証が受けられる。	(財)21世紀職業財団
均等・両立推進企業表彰制度	「女性労働者の能力発揮を促進するための積極的な取り組み」（ポジティブ・アクション）と「仕事と育児・介護との両立支援のための取り組み」を模範的に推進している企業を表彰する制度。「均等推進企業部門」と「ファミリー・フレンドリー企業部門」がある。	厚生労働省

その他、各都道府県、市区町村で独自の助成制度、認定制度を設けている場合があります。
詳細は各自治体窓口にお問い合わせください。

Ⅷ ワーク・ライフ・バランスの各種施策

■参考：休業した本人が受給できる手当等　　※手続きは原則として事業主を通じて行います。

名　称	内　容	金　額	申請先
出産育児一時金	妊婦健診や出産費用などを健康保険で補てん	子1人につき42万円（加入健康保険組合によって上乗せの可能性）	健康保険組合または協会けんぽ
出産手当金	出産のために欠勤し、給与減額（または無給）となった場合に支給	標準報酬日額の2/3×休業日数分	
社会保険料免除	育児休業中、被保険者および事業主負担分の保険料を免除。3歳まで		
育児休業給付金	育児休業中に給与が減額（または無給）された場合に支給。原則1歳まで（一定の場合は1歳6か月まで）	休業開始時賃金日額×支給日数×50%	公共職業安定所（ハローワーク）
介護休業給付金	介護休業中に給与が減額（または無給）された場合に支給	休業開始時賃金日額×支給日数×40%	

3 ワーク・ライフ・バランスに関係する法律等の改正状況

　世界でも類を見ない少子高齢化の進行や人口が減少すると予測されるなかにあって、国は、社会を持続可能で確かなものにするためには、ＷＬＢの実現が不可欠であるとしています。そのため、今後の法律改正はＷＬＢに向かって進んでいくものと予想されます。当然ながら企業も、持続的な発展を目指すのであればＷＬＢに向かわざるを得ないといえます。

　また、社会が成熟していくなかで、企業の社会的責任がより注目され、法令等の遵守（コンプライアンス）への取組みに対する社会の関心と期待は高まりつつあります。企業が社会のなかで生存していくためには、社会の一員として、このような関心と期待により積極的に応えていかなければなりません。

　労働基準法や育児・介護休業法等の法律は、最低限の労働条件や制度を示しているにすぎません。大切なことは、企業の経営戦略・人材戦略を踏まえつつ、従業員が何を求めているのかをしっかりと把握し、それに積極的に応えていくことです。

1 「仕事と生活の調和憲章」と「仕事と生活の調和推進のための行動指針」など

　2007年12月18日、関係閣僚、経済界・労働界・地方公共団体の代表等からなる「官民トップ会議」において、「仕事と生活の調和（ＷＬＢ）憲章」と「仕事と生活の調和推進のための行動指針」が策定され、公表されました。

　また、この憲章や行動指針の策定より先に、労働時間の短縮の促進に関する臨時措置法（通称「時短促進法」）が廃止され、労働時間等の設定の改善に関する特別措置法（通称「設定改善法」）が制定されたことに伴い「労働時間等設定改善指針」が示されていました（H18.3.31）。この「指針」は、労働時間等の設定（労働時間制度や休憩・休暇のあり方のこと）を改善する意味、国・労使関係者の役割を示したものでしたが、憲章や行動指針が策定されたことに伴い、WLBは「コスト」ではなく「明日への投資」として積極的に位置付けるべきとの視点や次世代育成支援の視点を加え、装いも新たに「労働時間等見直しガイドライン」として示されました（H20.3.24）。さらに、次頁（P38参照）の労働基準法の改正に伴い、年次有給休暇の時間単位取得関係が一部改正され（H21.5.29）たほか、年次有給休暇の取得促進、数値目標の設定などのため一部改正されています（H22.3.19、同12.9）。

図表52 「仕事と生活の調和憲章」と「仕事と生活の調和推進のための行動指針」

仕事と生活の調和憲章

国民全体の仕事と生活の調和の実現が我が国社会を持続可能で確かなものとする上で不可欠であることから、国は、国民運動を通じた気運の醸成、制度的枠組みの構築や環境整備などの促進・支援策に積極的に取り組む、とされています。

仕事と生活の調和推進のための行動指針

企業や働く者、国民の効果的な取り組み、国や地方公共団体の施策の方針を定めるとともに、"仕事と生活の調和が実現した社会"に必要な条件として以下の3つを挙げています。
　①就労による経済的自立が可能な社会
　②健康で豊かな生活のための時間が確保できる社会
　③多様な働き方・生き方が選択できる社会

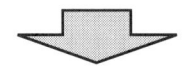

これを受け、法律改正や各種制度の導入等が進められています

2 労働基準法の改正

⇒Ⅳの1の1（P38参照）

3 育児・介護休業法の改正

2009年6月24日、通常国会（参議院）において、「育児休業、介護休業等育児又は家族介護を行う労働者の福祉に関する法律」の一部を改正する法律（案）が可決成立しました。主な改正点とその施行日は以下のとおりです。

図表53 育児・介護休業法の改正点のポイント

❶ **子育て期間中の働き方の見直し（2010年6月30日）**
- 3歳までの子を養育する労働者について、以下を事業主の義務とする（100人以下の企業は2012年7月1日）。
  ア）短時間勤務制度（1日6時間）を設ける。
  イ）労働者からの請求があったときの所定外労働の免除を制度化する。
- 子の看護休暇を拡充する。
  現行は小学校就学前の子がいれば一律年5日であったが、改正後は小学校就学前の子が1人であれば年5日、2人以上であれば年10日とする。

❷ **父親も子育てができる働き方の実現（2010年6月30日）**
- 父母がともに育児休業を取得する場合、1歳2か月（現行1歳）までの間に1年間育児休業を取得可能とする（パパ・ママ育休プラス）。
- 父親が出産後8週間以内に育児休業を取得した場合、再度、育児休業を取得可能とする。
- 配偶者が専業主婦（夫）であれば育児休業の取得不可とすることができる制度を廃止する。

❸ **仕事と介護の両立支援（2010年6月30日）**
- 介護のための短期の休暇制度を創設する（100人以下の企業の場合は2012年7月1日）。
- 要介護状態の対象家族が、1人であれば年5日、2人以上であれば年10日。

❹ **実効性の確保（2009年9月30日）**
- 苦情処理・紛争解決の援助及び調停の仕組みを創設する。
- 勧告に従わない場合の公表制度、及び報告を求めた場合に報告をせず、または、虚偽の報告をした者に対する過料を創設する。

まとめ　ワーク・ライフ・バランスが中小企業と日本を元気にする

■働き方、働かせ方のイノベーションを
　資源小国の日本は、明治期以降イノベーション一筋で成長してきました。しかし、そのイノベーションは産業技術分野のいわゆる技術革新であって、働き方・働かせ方のイノベーションではなかったようです。「豊かな社会実現」に向け国全体が一丸となった一方で、働き方・働かせ方のイノベーションへの視点は希薄でした。この結果、経済は一定程度の成功を収め、先進国でもトップクラスになりました。しかし、ヒトの働き方・働かせ方の問題は取り残されたまま残っています。

■豊かな「ヒト」資源の活用
　一方、先進国では鉄鋼や造船などの重厚長大型の工業経済社会から、サービス経済社会、知識産業社会へと変貌しつつあります。この産業構造の大転換は、経営資源の優先順位を変化させました。それは、従来の資本の投下から始まる「カネ」第一の経営から、「ヒト」、そして「ノウハウ」重視への変化です。

　このように、大きな資本を要するモノの量産ではなく、知によるオンリーワンの付加価値を生産することが競争上優位となる社会では、知の源泉たるヒトへの見方が変わるのは当然ともいえます。そこで、今問われているのが、ヒトを大事にして生産性を高める働き方、働かせ方、すなわちWLBなのです。

■人材重視で元気な企業に
　生産性向上の基本は技術革新＝イノベーションですが、このイノベーションの源泉はヒトです。そして、この最良・最強のヒト資源が生き生きしつつ生産性を上げていくには、①雇用の安定、②労使協調、③成果の公正配分の3原則が欠かせません。この3原則は、従来から経営に求められる基本姿勢でしたが、90年代以降後退が見られました。経営者には、改めて「人材」重視への規範（パラダイム）の据え直しが求められているといえます。

■力を合わせる強さと豊かさを
　雇用対策で挙がったワークシェアリングのシェアとは「分かち合う、共有する」の意味です。正規と非正規、男性と女性、若者と高齢者、そして企業と従業員、どちらかに辛さを寄せるのではなく、一緒に支え合うのがシェア。WLBが目指すものも、多様な支え合いが生み出すモチベーションの高い豊かさです。

　ここ10数年の自己責任と競争の強調は、働く場では長時間労働への不満や過労死者の増加、従業員活力の低下などを生み、生活の場では時間や豊かさの実感を見失わせるなど、様々な問題を伴うものでした。しかし問題の表面化は、仕事の仕方やライフスタイルを変えるチャンスでもあります。

■経営者がリーダーシップを
　長引く不況の中で、企業は、生き残りをかけて必死に戦っています。この生き残りの戦略の1つが、「ヒトを大事にする経営」です。経営者の革新への努力と、勇気あるリーダーシップが求められています。

　中小企業こそ、多様な力が協力し合う価値をいち早く評価し、生き生きとした従業員による豊かなワークとライフの場となりましょう。そして真に強い企業づくりを進めていきましょう。

✿ワーク・ライフ・バランスに関する用語集 ✿

■ダイバーシティ・マネジメント
　多様な人材を活かす戦略のこと。ＷＬＢはダイバーシティ推進の中心的施策に位置付けられる。

■短時間正社員
　フルタイム正社員（１日８時間、週40時間働き、雇用期間の定めのない社員）よりも、１週間の所定労働時間が短い正社員のこと。ＷＬＢを推進する手段の一つとして国が推進。正社員として短時間勤務を選択できる事業所の割合を、2012年までに10％、2017年までに25％とすることを目標にしている。

■テレワーク・在宅勤務
　情報通信技術を活用した場所と時間にとらわれない柔軟な働き方のこと。短時間正社員と同じく、ＷＬＢを推進する上で有効とされる。国はテレワーカー比率を、2010年に20％にすることを目標としている。

■ファミリー・フレンドリー企業
　仕事と育児・介護とが両立できる様々な制度を持ち、多様でかつ柔軟な働き方を労働者が選択できるような取組みを積極的に行う企業のこと。具体的には、
- 法を上回る基準の育児・介護休業制度を規定しており、かつ、実際に利用されている
- 仕事と家庭のバランスに配慮した柔軟な働き方ができる制度を持っており、かつ、実際に利用されている
- 仕事と家庭の両立を可能にするその他の制度を規定しており、かつ、実際に利用されている
- 仕事と家庭との両立がしやすい企業文化をもっている

といった取組みを行う企業がこれに当たる。

■ポジティブ・アクション
　固定的な性別による役割分担意識や過去の経緯から、女性が男性よりも能力を発揮しにくい環境におかれている場合に、これを「是正」するための取り組み。具体的には、女性が少ない職種や職務への積極的な女性の配置、人事考課基準、昇進・昇格基準の明確化 等が考えられる。

■ワークシェアリング
　１人当たりの労働時間を短縮することで、仕事を分け合い、なるべく多くの人が仕事に就けるようにすること。基本的には賃金総額を変えず、雇用・賃金・労働時間の適切な配分を目指す。ＷＬＢ実現のための一つの手法とも言える。大まかに分けると、以下の２タイプがある。
　(1) 雇用創出型ワークシェアリング：１人当たりの労働時間を短縮することで雇用を創出し、より多くの労働者に雇用機会を与えるタイプ
　(2) 雇用維持型ワークシェアリング：不況時など、企業の雇用維持を目的に、１人当たりの労働時間を短縮し、従業員間で仕事を分け合うタイプ

■ワーク・ライフ・コンフリクト
　ＷＬＢが取れない状態のこと。

参考文献
- 「稼ぐ妻・育てる夫」治部れんげ著　勁草書房　2009年
- 「ワークライフシナジー」大沢真知子著　岩波書店　2008年
- 「男たちのＷＬＢ」ヒューマンルネッサンス研究所編著　幻冬舎ルネッサンス　2008年
- 「ＷＬＢ塾と参加企業の実践から学ぶ！経営戦略としてのＷＬＢ」
  　学習院大学経済経営研究所編　第一法規株式会社　2008年
- 「ＷＬＢ　仕事と子育ての両立支援」佐藤博樹著　ぎょうせい　2008年
- 「論争　日本のＷＬＢ」山口一男　樋口美雄　編　日本経済出版社　2008年
- 「ダイバーシティ　生きる力を学ぶ物語」山口一男著　東洋経済新報社　2008年
- 「少子化克服への最終処方箋」島田晴雄　渥美由喜 著　ダイヤモンド社　2007年
- 「ＷＬＢ入門」荒金雅子他著　ミネルヴァ書房　2007年
- 「エンドレス・ワーカーズ」小倉一哉著　日本経済新聞出版社　2007年
- 「新しい人事戦略　ＷＬＢ　考え方と導入法」小室淑恵著　日本能率協会マネジメントセンター　2007年
- 「ＷＬＢ社会へ－個人が主役の働き方」大沢真知子著　岩波書店　2006年
- 「仕事の経済学」小池和男著　東洋経済新報社　2005年
- 「ダイバーシティ・マネジメント－多様性をいかす組織」谷口真美著　白桃書房　2005年
- 「男性の育児休業」佐藤博樹他著　中公新書　2004年
- 「会社人間が会社をつぶす」パク・ジョアン・スックチャ著　朝日新聞社　2002年

- 「こうして手にする仕事と生活の調和」労働調査会出版局編　全国労働基準関係団体連合会　2009年
- 「ここが変わった！　改正労働基準法」労働調査会出版局編　全国労働基準関係団体連合会　2009年
- 「こうして手にする仕事と生活の調和　ＷＬＢへの取組みのヒントと企業事例」
  　労働調査会出版局編　全国労働基準関係団体連合会　2008年
- 「ＷＬＢ　あなたを活かす、会社を活かす（改訂新版）」労働調査会出版局編　全国労働基準関係団体連合会　2008年
- 「イノベーションを切り拓く新たな働き方の推進を」日本経済団体連合会　2007年
- 「仕事と生活の調和に関する参考統計データ」内閣府男女共同参画局　2007年
- 「第１次報告『働き方を変える、日本を変える』－ＷＬＢ憲章の策定」経済財政諮問会議　2007年
- 「データブック国際労働比較2007」労働政策研究・研修機構　2007年

- 「2009年版中小企業白書」中小企業庁　2009年
- 「ＷＬＢと生産性に関する調査」内閣府　2009年
- 「中小企業　ＷＬＢ対応経営マニュアル」中小企業庁　2009年
- 「少子化社会対策に関する先進的取り組み事例研究報告書」内閣府　2006年
- 「平成18年版男女共同参画白書」内閣府　2006年

本書の元となった「アクションブック　これで安心！中小企業のためのワーク・ライフ・バランス」制作委員

（※敬称略）

氏　　名	所　　属
野々内　隆	財団法人経済産業調査会理事長
大西　啓仁	経済産業省　経済産業政策局　経済社会政策室長補佐
宮田　洋輔	経済産業省　経済産業政策局　経済社会政策室
小島　武彦	内閣府仕事と生活の調和推進室　政策調査員
中村　明恵	内閣府　共生社会政策統括官付　仕事と生活の調和推進室
中村　立子	女性技術者フォーラム運営委員長
高橋　紀美子	株式会社秀電社代表（中小企業診断士）
松﨑　香澄	オフィスマツザキ代表（中小企業診断士）
西山　真一	西山事務所代表（中小企業診断士・社会保険労務士）
油井　文江	女性コンサルタントネットエルズ代表（中小企業診断士）冊子制作統括
大江　栄	女性コンサルタントネットエルズ（中小企業診断士）
滝　由美子	同　（中小企業診断士）
高橋　美紀	同　（中小企業診断士）
小紫　恵美子	同　（中小企業診断士）
川原　舞子	同　（中小企業診断士）　制作委員会事務局

執筆協力

氏　　名	所　　属
山田　かすみ	女性コンサルタントネットエルズアソシエイト（中小企業診断士）
中峰　博史	女性コンサルタントネットエルズアソシエイト（中小企業診断士）

制作協力　社団法人 中小企業診断協会

女性コンサルタントネットエルズ

エルズは、<女性のための支援><女性による支援>を目的に集まった女性経営コンサルタントグループです。全員が中小企業診断士の資格を持ち、女性のビジネス支援や多様な自己実現をサポートしています。
2004年から活動を始め、現在、アソシエイトメンバーを含め20名からなるコンサルタント集団です。

あとがき

　スウェーデンでは、社会サービスを「オムソーリー（悲しみを分かち合う）」と呼ぶそうです。人間は生まれたとき、死ぬときは弱い存在です。その途中でも、障害者になる、失業する、病気や高齢者になるなどの様々な事情を抱えます。しかし、物心ともに分かち合う社会があれば安心して生き生きと働けるのです。これは会社でも同じでしょう。

　2007年の「ワーク・ライフ・バランス憲章」が目指したものは、①就労による経済的自立が可能な社会、②健康で豊かな生活のための時間が確保できる社会、③多様な働き方・生き方が選択できる社会、でした。1つひとつは実は「当たり前」のことなのですが…早く自信を持って「できている」と言える社会になればいい…と願っています。
　そして、このアクションブックがワーク・ライフ・バランスの実現に役立つのであれば、わたしたち係った皆の深く喜びとするところです。

　最後に、執筆・制作にご協力いただいた制作委員の皆様、多くのエルズアソシエイツ、そして支援・協力をいただいた社団法人中小企業診断協会に心より感謝申し上げます。

女性コンサルタントネットエルズ
代表　油井文江

メ　モ

アクションブック
これで安心！
中小企業のためのワーク・ライフ・バランス

定価 1,048円（本体 953円 ＋ 税 10%）

平成22年2月26日発行
平成23年10月20日 二刷（一部更新）

著者　アクションブック
　　　これで安心！中小企業のためのワーク・ライフ・バランス制作委員会
編集 監修・発行 発売　社団法人全国労働基準関係団体連合会
　　　　　　　　　〒101-0052　東京都千代田区神田小川町3-28-2
　　　　　　　　　　　　　　立花書房ビル3F
　　　　　　　　　電　話 (03) 5283-1030、1031
　　　　　　　　　ＦＡＸ (03) 5283-1032

　　　　　　　　　全基連 → 検索

©(社)全国労働基準関係団体連合会
女性コンサルタントネットエルズ
ISBN 978-4-915773-92-1 C2034 ¥953E

印刷　日昇印刷㈱